中国电子信息工程科技发展研究

ChatGPT 技术专题

中国信息与电子工程科技发展战略研究中心

科学出版社

北 京

内 容 简 介

2022 年 11 月 30 日，美国人工智能公司 OpenAI 推出一款名为 ChatGPT 的智能聊天机器人软件，因其可快速并合理地回答各种问题而风靡全球，短短两个月的时间活跃用户数破亿，成为互联网乃至人类历史上增长最快的消费者应用。ChatGPT 的出现，被视为人类通往通用人工智能的重要里程碑，让本已火热的人工智能生成内容（AIGC）再度引发轰动。ChatGPT 的主要投资人之一，微软联合创始人比尔·盖茨先生高度评价称，"ChatGPT 诞生的意义，不亚于 PC 或互联网的诞生"。

本书详细介绍 ChatGPT 的发展应用情况及核心技术路线，分析以 ChatGPT 为代表的 AIGC 全球发展态势，以及我国相关领域发展现状，探讨 ChatGPT 应用扩大化所带来的影响与变革，并从"发展""治理"兼顾的角度，对相关技术产业未来发展给予建议。本书为科普性读物，适合人工智能、计算机、网络通信等专业的本科生、研究生，以及相关专业的教师、产业工程技术人员阅读。

图书在版编目（CIP）数据

中国电子信息工程科技发展研究. ChatGPT 技术专题/中国信息与电子工程科技发展战略研究中心编著. —北京：科学出版社，2024.6
ISBN 978-7-03-077980-9

Ⅰ. ①中… Ⅱ. ①中… Ⅲ. ①电子信息-信息工程-科技发展-研究-中国 ②人工智能-科技发展-研究-中国 Ⅳ. ①G203 ②TP18

中国国家版本馆 CIP 数据核字（2024）第 031571 号

责任编辑：余丁 / 责任校对：胡小洁
责任印制：师艳茹 / 封面设计：迷底书装

科 学 出 版 社 出版
北京东黄城根北街 16 号
邮政编码：100717
http://www.sciencep.com
涿州市殷润文化传播有限公司印刷
科学出版社发行 各地新华书店经销

*

2024 年 6 月第 一 版 开本：890×1240 1/32
2024 年 6 月第一次印刷 印张：3 5/8
字数：88 000
定价：88.00 元
（如有印装质量问题，我社负责调换）

《中国电子信息工程科技发展研究》指导组

组　长：
　　吴曼青　费爱国
副组长：
　　赵沁平　余少华　吕跃广
成　员：
　　丁文华　刘泽金　何　友　吴伟仁
　　张广军　罗先刚　陈　杰　柴天佑
　　廖湘科　谭久彬　樊邦奎
顾　问：
　　陈左宁　卢锡城　李天初　陈志杰
　　姜会林　段宝岩　郏江兴　陆　军

《中国电子信息工程科技发展研究》工作组

组　长：
　　　余少华　陆　军
副组长：
　　　曾倬颖

国家高端智库

中国信息与电子工程科技发展战略研究中心
CHINA ELECTRONICS AND INFORMATION STRATEGIES

中国信息与电子工程科技
发展战略研究中心简介

中国工程院是中国工程科学技术界的最高荣誉性、咨询性学术机构，是首批国家高端智库试点建设单位，致力于研究国家经济社会发展和工程科技发展中的重大战略问题，建设在工程科技领域对国家战略决策具有重要影响力的科技智库。当今世界，以数字化、网络化、智能化为特征的信息化浪潮方兴未艾，信息技术日新月异，全面融入社会生产生活，深刻改变着全球经济格局、政治格局、安全格局，信息与电子工程科技已成为全球创新最活跃、应用最广泛、辐射带动作用最大的科技领域之一。为做好电子信息领域工程科技类发展战略研究工作，创新体制机制，整合优势资源，中国工程院、中央网信办、工业和信息化部、中国电子科技集团加强合作，于2015年11月联合成立了中国信息与电子工程科技发展战略研究中心。

中国信息与电子工程科技发展战略研究中心秉持高层次、开放式、前瞻性的发展导向，围绕电子信息工程科技发展中的全局性、综合性、战略性重要热点课题开展理论研究、应用研究与政策咨询工作，充分发挥中国工程院院士，国家部委、企事业单位和大学院所中各层面专家学者的智力优势，努力在信息与电子工程科技领域建设一流的战略思想库，为国家有关决策提供科学、前瞻和及时的建议。

《中国电子信息工程科技发展研究》
编写说明

当今世界，以数字化、网络化、智能化为特征的信息化浪潮方兴未艾，信息技术日新月异，全面融入社会经济生活，深刻改变着全球经济格局、政治格局、安全格局。电子信息工程科技作为全球创新最活跃、应用最广泛、辐射带动作用最大的科技领域之一，不仅是全球技术创新的竞争高地，也是世界各主要国家推动经济发展、谋求国家竞争优势的重要战略方向。电子信息工程科技是典型的"使能技术"，几乎是所有其他领域技术发展的重要支撑，电子信息工程科技与生物技术、新能源技术、新材料技术等交叉融合，有望引发新一轮科技革命和产业变革，为重塑社会经济生产结构提供新质生产力。电子信息工程科技作为最直接、最现实的工具之一，直接将科学发现、技术创新与产业发展紧密结合，极大地加速了科学技术发展的进程，成为改变世界的重要力量。电子信息工程科技也是新中国成立 70 年来特别是改革开放 40 年来，中国经济社会快速发展的重要驱动力。在可预见的未来，电子信息工程科技的进步和创新仍将是推动人类社会发展的最重要的引擎之一。

把握世界科技发展大势，围绕科技创新发展全局和长远问题，及时为国家决策提供科学、前瞻性建议，履行好国家高端智库职能，是中国工程院的一项重要任务。为此，中国工程院信息与电子工程学部决定组织编撰《中国电子信息工程科技发展研究》(以下简称"蓝皮书")。2018 年 9 月至今，编撰工作由余少华、陆军院士负责。"蓝皮书"分综合篇和专题篇，分期出版。学部组织院士并动员各方面专家 300 余人参与编撰工作。"蓝皮书"编撰宗旨是：分析研究电子信息领域年度科技发展情况，综合阐述国内外年度电子信息领域重要突破及标志性成果，为我国科技人员准确把握电子信息领域发展趋势提供参考，为我国制定电子信息科技发展战略提供支撑。

"蓝皮书"编撰指导原则如下：

(1) 写好年度增量。电子信息工程科技涉及范围宽、发展速度快，综合篇立足"写好年度增量"，即写好新进展、新特点、新挑战和新趋势。

(2) 精选热点亮点。我国科技发展水平正处于"跟跑""并跑""领跑"的三"跑"并存阶段。专题篇力求反映我国该领域发展特点，不片面求全，把关注重点放在发展中的"热点"和"亮点"问题。

(3) 综合与专题结合。"蓝皮书"分"综合"和"专题"两部分。综合部分较宏观地介绍电子信息科技相关领域全球发展态势、我国发展现状和未来展望；专题部分则分别介绍 13 个子领域的热点亮点方向。

5 大类和 13 个子领域如图 1 所示。13 个子领域的颗粒度不尽相同，但各子领域的技术点相关性强，也能较好地与学部专业分组对应。

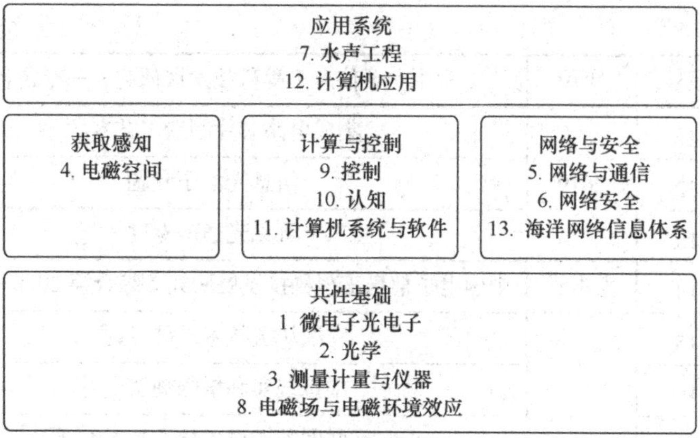

```
                        应用系统
                       7. 水声工程
                      12. 计算机应用
```

```
   获取感知          计算与控制            网络与安全
  4. 电磁空间          9. 控制             5. 网络与通信
                     10. 认知             6. 网络安全
                 11. 计算机系统与软件   13. 海洋网络信息体系
```

```
                        共性基础
                     1. 微电子光电子
                        2. 光学
                   3. 测量计量与仪器
                  8. 电磁场与电磁环境效应
```

图 1　子领域归类图

至今，"蓝皮书"陆续发布多部综合篇、系列专题和英文专题等，见表 1。

表 1　"蓝皮书"整体情况汇总

序号	年份	中国电子信息工程科技发展研究——专题名称
1	大本子	中国电子信息工程科技发展研究
2	2018	中国电子信息工程科技发展研究（领域篇）——传感器技术
3		中国电子信息工程科技发展研究（领域篇）——遥感技术及其应用
4	大本子	中国电子信息工程科技发展研究 2017
5	2019	5G 发展基本情况综述
6		下一代互联网 IPv6 专题
7		工业互联网专题
8		集成电路产业专题
9		深度学习专题
10		未来网络专题

续表

序号	年份	中国电子信息工程科技发展研究——专题名称
11		集成电路芯片制造工艺专题
12	2019	信息光电子专题
13		可见光通信专题
14	大本子	中国电子信息工程科技发展研究（综合篇 2018—2019）
15		区块链技术发展专题
16		虚拟现实和增强现实专题
17		互联网关键设备核心技术专题
18	2020	机器人专题
19		网络安全态势感知专题
20		自然语言处理专题
21	2021	卫星通信网络技术发展专题
22		图形处理器及产业应用专题
23	大本子	中国电子信息工程科技发展研究（综合篇 2020—2021）
24		量子器件及其物理基础专题
25		微电子光电子专题
26		光学工程专题
27		测量计量与仪器专题
28		网络与通信专题
29	2022	网络安全专题
30		电磁场与电磁环境效应专题
31		控制专题
32		认知专题
33		计算机应用专题

续表

序号	年份	中国电子信息工程科技发展研究——专题名称
34	2022	海洋网络信息体系专题
35		智能计算专题
36		大数据技术及产业发展专题
37	2023	遥感过程控制与智能化专题
38		操作系统专题
39		数据中心网络与东数西算专题
40		大科学装置专题
41	2024	软件定义晶上系统（SDSoW）专题
42		ChatGPT 技术专题
43		数字孪生专题
44		微电子光电子国内外发展态势研究
45		光学工程国内外发展态势研究
46		电磁空间学科发展及国内外发展态势研究
47		网络与通信国内外发展态势研究
48		网络安全国内外发展态势研究
49		海洋网络信息体系国内外发展态势研究

从 2019 年开始，先后发布《电子信息工程科技发展十四大趋势》、《电子信息工程科技十三大挑战》、《电子信息工程科技十四大技术挑战》（2019 年、2020 年、2021 年、2022 年、2023 年）5 次。科学出版社与 Springer 出版社合作出版了 5 个专题，见表 2。

表 2　英文专题汇总

序号	英文专题名称
1	Network and Communication
2	Development of Deep Learning Technologies
3	Industrial Internet
4	The Development of Natural Language Processing
5	The Development of Block Chain Technology

相关工作仍在尝试阶段，难免出现一些疏漏，敬请批评指正。

中国信息与电子工程科技发展战略研究中心

前　　言

当前，以大模型为代表的人工智能浪潮汹涌澎湃，逐步触及通用人工智能初始阶段，融入生产生活的方方面面，已成为全球最为活跃的创新领域，引起各界高度重视。与此同时，人工智能产业格局与生态模式也在不断演化，行业巨头的竞争越发激烈、新兴主体不断出现，产业正在快速发展。本书从 ChatGPT 兴起的现象和动因入手，客观、全面梳理分析 ChatGPT 出现以后对技术产业和经济社会发展的影响，帮助读者更深层次理解大模型。

由于编者水平有限，书中难免存在疏漏或不足之处，敬请批评指正。

目　录

第1章 ChatGPT 发展历程及演进态势

ChatGPT 是人工智能进入深度学习时代后，继 Alphago 后又一里程碑事件，其具备更强的对话理解和文本生成能力，在多个基准领域接近人类水平。在 ChatGPT 探索之路上，OpenAI、微软等投入了大量资金和人力，最终孕育出这一划时代产品，并对人工智能技术产业发展体系带来一系列变革影响。

1.1 ChatGPT 出现前的孕育阶段

人工智能是数字信息时代的核心技术之一，在自然语言处理、计算机视觉、预测分析、策略决策等应用场景中发挥着至关重要的作用。这一领域，孕育了一大批杰出的高科技公司，总部位于美国旧金山的 OpenAI 公司是其中的佼佼者。OpenAI 公司于 2015 年由美国著名的硅谷孵化器 Y Combinator 总裁山姆·阿尔特曼、特斯拉总裁埃隆·马斯克（现已退出）、全球国际贸易支付工具贝宝联合创始人彼得·蒂尔等科技巨鳄联合创立，宗旨是"实现安全的通用人工智能（AGI）"，核心业务是在自然语言处理（NLP）领域发力，制造可以在各个领域"通用"的机器人和可以与人类使用自然语言对话的聊天机器人。成立以来，OpenAI 公司已累计完成 5 轮融资[1]，包括：2017 年 9 月，

从领英联合创始人里德·霍夫曼处获得 1 亿美元融资；2019
年与微软公司建立战略合作伙伴关系，并从微软公司处获
得 10 亿美元融资；2020 年 7 月，从领英联合创始人里德·霍
夫曼、创始人基金、科斯拉创投处获得 1.75 亿美元融资；
2021 年 7 月从微软公司、黑石基金公司、丰田公司、银狐资
本处获得 30 亿美元融资；2023 年 4 月，从老虎全球、红杉
资本、Andreessen Horowitz、Thrive 和 K2 Global 等风险投资
公司处获得 103 亿美元融资。OpenAI 公司的估值已达 270～
290 亿美元。此外，微软公司作为 OpenAI 的战略合作伙伴，
也在持续加大投资以争夺公司股份，据《纽约时报》报道，
2023 年计划最新投资金额将达百亿美元[2]。

　　在 ChatGPT 出现之前，OpenAI 已在自然语言、计算
机视觉领域开展了广泛研究，并与机器人与智能体等应用
场景结合。在自然语言领域，OpenAI 论证了更大规模的训
练在未来将变得有用，基于稀疏注意力机制实现了更长的
序列理解，以无监督训练方式实现了文本情感倾向识别。
在计算机视觉领域，OpenAI 尝试了生成对抗网络、自编码
器等多种图像生成技术路线，在视觉全局特征学习与图像
编解码等任务上取得了当时的领先水平。在机器人与智能
体领域，一方面，OpenAI 基于强化学习技术探索虚拟环境，
在连续两场电子竞技比赛中击败了 Dota 2 世界冠军，第一
次超过人类在"超级马里奥"游戏中的平均表现。另一方
面，OpenAI 将视觉模型与机器人系统结合，实现了机器人
对不同物体的识别与抓取功能。这些不同领域的基础研究
与探索均为后续大模型的研发奠定了基础，2018 年 OpenAI
发布了基于 Transformer 架构的语言生成模型。

1.2　ChatGPT 出现标志着人工智能迈入通用智能起步阶段

2022 年 11 月底，OpenAI 公司推出 ChatGPT，其英文全称是 Chat Generative Pre-trained Transformer，中文意思是"聊天 GPT"；GPT 也就是 Generative Pre-trained Transformer 的缩写，意思是"生成式预训练转换器"。上述名称清晰地表明，ChatGPT 是一款采用生成式预训练技术打造的人工智能聊天机器人。其底层基于大规模预训练语言模型，在文本生成、学科考试、代码编写等多个任务中均有出色表现。上线 5 天，注册用户数超过 100 万，上线两个月后，用户破亿，成为历史上渗透速度最快的 AI 产品[3]。网页版 ChatGPT 发布之后，以 Stack Overflow 代码社区为代表的知识密集型应用受影响最大，自 2023 年 1 月以来，该平台平均每月下降 6%，3 月份下降了 13.9%。如图 1-1 所示。

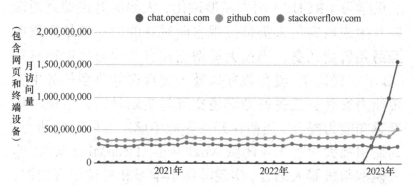

图 1-1　ChatGPT 官网、GitHub 官网及 Stack Overflow 网站网页端及移动端月访问量（单位：次）

ChatGPT 成为继 Alphago 之后又一里程碑事件，对全球技术产业发展格局产生了深远影响。从发展历程上来看，在谷歌 Alphago 问世之后，人工智能沿深度学习发展路径持续优化升级，技术能力逐步提升，但缺乏里程碑突破。以 ChatGPT 为代表的大模型系统，在大数据、大算力加持下，实现在文本生成、学科考试、代码编写等多个任务中的阶跃性提升，能够通过细微的调整优化应用至不同行业中，大幅提升场景适应和应用落地能力，标志着人工智能在从专用智能向通用智能演进道路上实现了重大突破，有望带动形成一批新技术、新产业、新业态，是推动经济社会增长、巩固国家竞争优势的重要战略支撑技术，对全球技术产业发展格局具有重大深远影响[4]。

ChatGPT 出现标志着人工智能逐步迈入通用智能的起步阶段，显现符合人类认知、实现典型通用智能任务、开放环境交互与主动学习三方面关键特征。一是提升符合人类认知的生成能力，代表突破为 OpenAI 引入人类强化反馈学习（RLHF）用于模型调优，大幅提升模型意图理解及生成内容与人类价值观方向对齐能力；**二是突破典型通用智能任务，**当前大模型已在自主学习、逻辑推理（数学、代码）、流程规划以及人类理解等典型任务中实现能力突破；**三是开放环境交互与主动学习，**多模态环境感知能力提升，强调在开放环境解决实际问题能力，如斯坦福大学李飞飞团队 VoxPoser、DeepMind RT-2 等大模型与机器人结合，实现零样本学习和自然语言操控，探索具身智能。如图 1-2 所示。

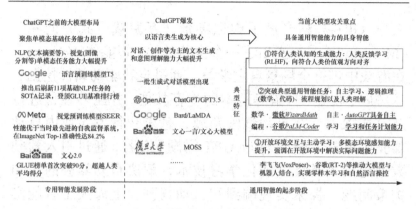

图 1-2　人工智能进入通用智能的起步阶段

1.3　ChatGPT 出现后整体发展演进变化

1.3.1　大模型成为现阶段人工智能产业的技术创新主线

　　类 ChatGPT 技术驱动人工智能正在以前所未有的速度逼近通用智能，已经实现有限度的通用智能。早期深度学习技术路线的出现促进以图像分类、语音识别等为代表的单一任务水平大幅提升，接近或超过人类水平。未来十年，以深度学习为底层的技术路线仍将持续，"大模型+大数据+大算力"显著提升模型泛化能力，千亿至万亿级参数模型在处理多项复杂任务方面表现优异，类 ChatGPT 模型聚焦人机交互的封闭环境，通过统一 Transformer 架构处理语言、图像、视频等多类任务，已实现有限度的通用智能能力。未来将向开放环境的智能体演进，侧重与真实世界进行交互，实现人、机器、环境的协同。

　　大模型面向开放环境实现自主学习与交互，向开放环境的具身智能体演进。英伟达首席科学家 Jim Fan 等人把 GPT-4 整合进了虚拟场景交互游戏"我的世界"（Minecraft）——提出了一个全新的 AI 智能体 Voyager，在游戏中进行全场景自主学习，通过自我驱动掌握挖掘、建房屋、收集、打猎等基本的生存技能，并能够独自进行开放式探索。在自动驾驶领域，毫末智行发布业内自动驾驶生成式大模型 DriveGPT 雪湖·海若，通过引入驾驶数据建立人类反馈强化学习技术，解决自动驾驶的认知决策问题，探索实现端到端自动驾驶。上海人工智能实验室、武汉大学及商汤科技联合提出感知决策一体化的自动驾驶通用大模型 UniAD，初步具备统一的感知、预测和规划能力。未来，随着通用大模型技术的不断发展，结合强化学习、终身学习、类脑智能等多学科领域的进展，将向开放环境的具身智能体演进，实现人、机器、环境的协同。如图 1-3 所示。

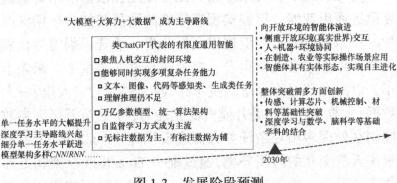

图 1-3　发展阶段预测

1.3.2　新的主导力量迅速形成，处于技术迭代最快速阶段

OpenAI 持续领先，谷歌、Meta 纷纷发力试图破局，三大主流阵营进入技术军备竞赛白热化。

一是 OpenAI 加大技术迭代速度，联合微软构筑类 PC 时代的 Wintel 联盟。OpenAI 公司在半年时间快速迭代，由 GPT-3.5 升级至 GPT-4 多模态大模型，通过开放 API、载入插件工具方式，扩增其操作能力和范围，已具备通用智能雏形，综合性能超越谷歌、Meta 等模型能力，成为国内外大模型追赶标杆。其最新版本 GPT-4 Turbo，支持 128K 的长文本输入（大约 300 余页文本内容），能够处理更大范围输入内容和输出内容，提升在各类场景下的适应能力。同时，联合微软加速推进产业级应用，将 GPT 技术引入必应搜索、Office、操作系统等产品中。同时，OpenAI 也在不断加强多模态能力布局，2024 年 2 月推出 Sora 视频生成大模型，通过结合 Transformer 与扩散模型两类技术路线，实现高质量长视频生成能力，并涌现出 3D 空间一致性等物理世界仿真能力。

二是谷歌加速追赶，与自身产品线紧密结合，强调多场景部署。谷歌 PaLM 2 可支持 100 多种语言，擅长数学、软件开发、语言翻译推理和语言生成，最新 Gemini 模型补齐多模态能力，在多个基准数据集上追平 GPT-4，但实际使用效果与 GPT-4 仍有一定差距。目前 PaLM 和 Gemini 两款大模型已为谷歌旗下办公软件、搜索引擎、电子邮箱等 25 项产品提供服务，初步构建起大模型"研发-应用"的商业闭环。此外，结合实际产业落地需求，谷歌推出四种不同尺寸的基础语言模型和医疗、安全等专用模型，其中，Gecko 可在移动设备上运行，每秒可处理 20 个 Token，支持离线使用；推出面向场景任务的医疗模型 Med-PaLM 2、网络安全维护的 Sec-PaLM 2、多模态具身智能模型

PaLM-E 和 RT-2，以及用于编码和调试的专用模型 Codey，满足不同应用场景的能力需求。

三是 Meta 试图以开源切入，联合学术界与产业界，打破谷歌、OpenAI 构筑的大模型壁垒。Meta 推出的大语言模型 LLaMA，包括多个参数的开源版本（70 亿、130 亿、340 亿、700 亿），鼓励开发者基于 LLaMA 基础模型进行二次开发并支持免费商用，目前已形成以高校为主的生态雏形，在知识问答、阅读理解、常识推理等任务上已具备与 GPT-3.5 相近的性能水平。同时 Meta 也在布局有别于大模型的下一代通用人工智能技术，如近期发布模型 I-JEPA，能够在基于理解而非概率预测的基础上，补全图像。

同时，一批大模型新兴力量开始出现，集中在基础模型研发和垂直领域应用两个方向。基础模型研发方面，初创企业能够在特定领域或功能方面超越头部大模型，但在任务覆盖范围、通用泛化能力等综合性能方面仍无法与领先大模型相抗衡，如前 OpenAI 员工推出的类 ChatGPT 语言模型 Claude，其特色是最大输入上下文长度提高至 20 万个 Token，超过 GPT-4 支持 12.8 万 Token 窗口长度。欧洲独角兽公司 MistralAI 发布混合专家大模型 Mistral-7B-MoE，凭借 46.7B 参数规模，效果超过 LLaMA2-70B，推理速度提升 6 倍，支持免费商用。以色列 AI 独角兽公司 AI21Labs 发布了 Jurassic-2 大语言模型，支持零样本自然语言处理任务。**垂直领域应用方面，**初创企业瞄准细分领域痛点和需求研发大模型解决方案，已在文娱、教育、零售、药物研发等领域初步落地，如 Stability AI 自研文生图大模型 Stable Diffusion，发布面向消费者的 AI 作画工具 DreamStudio，已超过 150 万用户，生成超过 1.7 亿幅图片；学习教育平台 Quizlet，基于 ChatGPT API 推出 AI 导师 Q-Chat，学生可通过聊天及学习材料生成定制的个性化问题；英矽智能基于 AlphaFold 蛋白质合成大模型更有效地识别潜在的药物靶标来简化药物研发过程等。

1.3.3　领军大模型的产业应用生态壁垒尚未形成

好奇驱动的增长热潮减缓，同类产品迅速迭代，ChatGPT 等领军模型生态壁垒仍未形成。ChatGPT 推出以来，以简洁的交互形式引发大量用户探索大语言模型能力，但后续访问量增速已有变缓趋势。据数据网站 SimilarWeb 的监测，进入 2023 年第二季度以来 ChatGPT 访问量增速放缓，环比增速仅 2.8%，相较于 1 月 131.6%的增速，ChatGPT 在 PC 端面临用户流量天花板困境。目前，类 ChatGPT 大模型产业生态构建模式尚在探索，应用落地同时面临巨大挑战。

类 ChatGPT 应用层出不穷，ChatGPT 自身的独特性受到挑战。自 ChatGPT 推出以来，全球各创新主体迅速跟进，Google Bard、Anthropic Claude、HuggingChat 等多个具有同类型功能的产品问世，开始复制 ChatGPT 增长路线，如 2023 年 5 月初全面开放的 Google Bard 同月访问量达到 1.426 亿次，环比增长 187.2%，ChatGPT 原有用户群体逐渐分散。

在行业领域中面临专业性不足、数据隐私保护等问题。

ChatGPT 作为 C 端聊天机器人应用，用户对于其事实性、隐私性包容程度较高，但在行业应用落地过程中问题开始显现。如 ChatGPT 漏洞导致用户聊天记录泄露，引发行业企业对自身数据隐私性的担忧，沃尔玛、亚马逊等大型公司要求员工，不得在 ChatGPT 上输入敏感信息；医疗、金融等专业性较强的行业须引入数据对模型能力进行优化，但须确保数据不出域，如何与现有模型结合成为行业应用落地的关键突破点。

1.3.4　人工智能走向大平台化发展，重塑产业生态

真正的人工智能平台体系开始显现。大模型技术突破前，由于算法模型处理任务种类有限，实际产业应用落地过程中面临场景泛化能力不足、开发成本高等问题，人工智能技术不具备快速规模应用能力，未显现出与移动互联网时代应用开发技术平台同等体量的服务能力及应用影响力。现阶段，大模型技术在多项任务中超越人类水平，且具备泛化能力强、能快速应用于下游任务的特点，成为算法基础设施，有效连接技术发展与产业应用需求。人工智能克服技术散点发展、工程化难度高等制约因素，开始大规模应用，以 OpenAI 为例，其大模型 API 已吸引超过 200 万开发者调用，开始迈向大平台化。

同时，以大模型为核心的平台技术体系正在驱动从底层硬件芯片到上层框架平台的不断升级。在算力方面，单芯片性能不再是唯一的算力评价标准，满足大模型训练所需的性能、存储、通信要求的算力集群成为该阶段重要关注方向，如腾讯云发布的高性能计算集群，采用自研服务

器，为大模型提供高性能、高带宽和低延迟的集群算力。开发框架及工具平台围绕大模型训推需求进行升级，重点关注如分布式训练、模型压缩部署等技术能力，出现专门面向大模型的专精框架，如微软推出的开源系统框架 DeepSpeedChat，支持人类强化反馈学习模式，简化 GPT 类模型的训练过程，将训练速度提升 15 倍以上。

目前，以模型为核心的平台生态已具规模。模型研发主体积极开放模型能力，出现多种服务形式。一是开放模型 API 能力调用，用户可按需调用并进行二次开发；二是汇聚模型产品应用形成模型商店，如 OpenAI 推出 GPT Store(GPTs)，开发者可通过自然语言对 GPT 输入指令和新知识，快速创建如分析数据、指定领域问答助手等定制版 GPT，并可进行收益分成；三是依托云服务能力，搭建模型能力调用平台，典型代表如亚马逊全托管基础模型服务 Amazon Bedrock、腾讯云行业大模型服务等；四是构建大模型社区，汇聚开源大模型及项目应用，提供快速部署能力，如 HuggingFace 大模型社区已有超过 30 万个预训练模型项目，阿里魔搭中文开源社区累计模型下载量已突破 8500 万。

1.4　我国类 ChatGPT 发展情况

1.4.1　短时间内布局一批大模型产品

面对新的历史机遇，我国企业、高校及科研机构快速跟进，短时间内布局一批大模型技术产品，据不完全统计，截至 2024 年 1 月，我国发布的大模型数量达 243

个，创新主体包括互联网巨头、高校、科研机构等，主要分为三类路线：**一是以互联网领军企业为代表，结合数据优势及业务场景，研发覆盖多领域的系列大模型。**如百度推出文心系列大模型，在语言处理、多模态、视觉、行业大模型等方面均有布局，2023 年 3 月推出文心一言，支持文学创作、商业文案创作、数理逻辑推算、中文理解、多模态等多种任务，已向数百家企业提供内测服务；阿里通义系列大模型覆盖自然语言处理、多模态、计算机视觉能力，可服务包括电商、医疗、法律、金融、娱乐等行业，已逐步在阿里电商、智能家居、文娱等场景投入使用。**二是人工智能创新企业基于大模型提升自身 AI 平台服务竞争力。**如商汤推出"日日新 SenseNova"大模型体系，推出自研中文语言大模型应用平台"商量"，支持代码编写、文案创作、文档处理、多模态生成等多种服务；科大讯飞在其讯飞开放平台中新增星火认知大模型能力，支持文本生成、语言理解、知识问答、逻辑推理、数学、代码、多模态等多类任务。**三是科研机构聚焦模型技术创新。**如中国科学院自动化大模型紫东太初 2.0，在文本、图像、语音三模态的基础上，融入 3D 点云、视频、信号等更多模态数据，在问答对话等能力外加入 3D 理解、信号分析等技术能力；北京智源研究院发布悟道 3.0 系列模型，包括支持中英双语、可商用的开源语言大模型悟道·天鹰和包括通用分割、多模态补全的悟道·视界视觉系列大模型。表 1-1 为国内外部分大模型情况对比。

表 1-1　国内外部分大模型情况对比

类型	模型名称	机构	推出时间	参数	模态/任务	数据规模	应用情况
全球主流模型（对照）	Sora	OpenAI	2024.2	30亿（未披露）	图像、视频	数10万亿 Token	开放初期仅支持定向用户测试
	GPT-4 Turbo	OpenAI	2023.11	千亿级~万亿级（未披露）	文本、图像、视频、语音	8550TB 文本	周活跃用户数超 1 亿
	Grok-1	xAI	2024.3	3140亿	文本	使用 2023 年第三季度前的互联网数据网训练	已开源并支持免费商用
	Gemma 7B	谷歌	2024.2	70亿	文本	来自网络文档、数学和代码，共 6T Token	已开源并支持商用
	Gemini-1.5	谷歌	2024.2	万亿级（未披露）	文本、图像、视频、语音	3.3 万亿个单词	Gemini 大模型已接入谷歌聊天对话机器人 Bard，具备在线交互能力
	Mistral 8x7B	Mistral AI	2023.12	46.7B亿	文本	未披露	已开源并支持免费商用

续表

类型	模型名称	机构	推出时间	参数	模态/任务	数据规模	应用情况
全球主流模型（对照）	VideoPoet	谷歌	2023.12	未披露	文本、图像、视频、语音	未披露	尚未开放应用
	PaLM 2	谷歌	2023.5	3400 亿	文本	1.4 万亿 Token	已应用在 20 余个功能或产品中
	LLaMA 2	Meta	2023.7	70 亿、130 亿、340 亿、700 亿四种规模	文本	2 万亿 Token，比 LLaMA 增加 40%	已形成超过 7000 个基于 LLaMA 2 的开源项目
我国部分基础模型	文心一言 4.0	百度	2023.10	千亿级	文本、图像、视频	10TB 问答语料	文心一言用户量超 1 亿，日均调用量达数千万次
	书生·浦语 2.0	上海人工智能实验室	2024.1	1040 亿（闭源）；70 亿、200 亿（开源）	文本、图像	1.6 万亿 Token	已开源 70 亿、200 亿等不同参数规模版本

续表

类型	模型名称	机构	推出时间	参数	模态/任务	数据规模	应用情况
我国部分基础模型	GLM4	清华大学	2024.1	1300 亿（闭源）；15 亿、30 亿、60 亿（开源）	文本、图像	4000+亿 Token	已开源 60 亿参数规模多个版本模型
	Qwen-1.5	阿里云	2024.2	千亿级（闭源）；18 亿、70 亿、140 亿、720 亿（开源）	文本、图像、视频、语音	3 万亿文本和代码 Token	实现全尺寸开源，包括 18 亿、70 亿、140 亿、720 亿，对标 LLaMA 2-70B 头部开源模型
	Baichuan3	百川智能	2024.1	千亿级（闭源）；70 亿、130 亿（开源）	文本	1.2 万亿 Token	已开源 70 亿、130 亿不同参数规模版本，免费商用
	MiniCPM	面壁智能	2024.2	20 亿	文本	1T Token 规模的精选数据	已开源并支持商用

续表

类型	模型名称	机构	推出时间	参数	模态/任务	数据规模	应用情况
我国部分基础模型	Kimi	月之暗面	2024.3	千亿级（闭源）	文本	千亿 Token 训练数据	Kimi 智能助手产品正式上线服务
	Yi	零一万物	2023.11	340亿、60亿	文本	未披露	已开源并支持商用
	盘古大模型3.0	华为	2023.7	2000亿	文本、图像	40TB	已在100多个行业、场景完成验证，盘古药物分析大模型、矿山大模型、气象大模型、海浪大模型等均已亮相
	悟道-天鹰Aquila	北京智源人工智能研究院	2023.6	70亿和330亿两种基础模型	文本	未披露	支持商用开源的语言大模型
	MOSS	复旦大学	2023.4	160亿	文本	7000亿中英文及代码单词	已开放内测并将项目开源

续表

类型	模型名称	机构	推出时间	参数	模态/任务	数据规模	应用情况
我国部分基础模型	紫东·太初2.0	中国科学院自动化研究所、武汉人工智能研究院、华为	2023.6	千亿级	文本、图像、语音、3D点云、视频、信号	未披露	全栈国产化紫东·太初开放服务平台已上线，支持公有云、私有云一键部署，使能行业大模型高效率开发
	商量	商汤	2023.4	千亿级	文本	未披露	已面向编程、医疗等细分领域，打造行业专属中文语言大模型
	星火大模型	科大讯飞	2023.5	未披露	文本	万亿字符，具体没有披露	在教育、办公、汽车和数字员工等多个行业领域应用
	360智脑	360集团	2023.5	千亿级	文本	10T级经过清洗的训练语料	360智脑平台开放体验，已有360智脑聊天对话APP，360智绘AI生成图像工具，目前360智绘仪支持PC端体验

续表

类型	模型名称	机构	推出时间	参数	模态/任务	数据规模	应用情况
我国部分基础模型	凤凰	香港中文大学（深圳）	2023.4	7亿	文本	未披露	数据模型训练全部开源
	HuatuoGPT（华佗GPT）	香港中文大学（深圳）、深圳市大数据研究院	2023.5	—	医疗大模型	2600W 的医疗问答数据	模型、代码、数据集均开源至 GitHub，2600W 的医疗问答数据全部开源至 HuggingFace，仅供科研使用
应用模型	CPM-Bee 10B	知乎、面壁智能	2023.5	100亿	问答大模型	万亿级高质量语料，200GB 高质量中文数据集，400GB 多语言数据集	开源至 OpenBMB 开源社区，并允许商用；同时推出对话类模型产品露卡
	轩辕	度小满	2023.5	千亿级	金融大模型	未披露	智能金融顾问：通过分析金融数据、新闻动态、社交评论等每日信息，为投资者提供市场舆情和风险预测等服务

续表

类型	模型名称	机构	推出时间	参数	模态/任务	数据规模	应用情况
应用模型	MedGPT	医联	2023.4	1000 亿	医疗大模型	800 万条的高质量结构化临床诊疗数据	已经拥有近 3000 种疾病的首诊能力，覆盖 80% 以上的成年人疾病和 90% 以上的 0~12 岁儿科疾病；首次与医联互联网医院打通，实现药品到家的诊疗闭环
	雪湖·海若 DriveGPT	毫末智行	2023.4	1200 亿	自动驾驶生成式大模型	4000 万公里驾驶数据完成训练	已正式对行业开放，开启对限量首批客户的合作
	MathGPT	学而思	2023.5	千亿级	数学大模型	未披露	已正式开放体验，并集成到学而思学习机二代产品 xPad2 Pro

1.4.2　我国大模型与国际存在一定差距

大模型底层原创技术基本由美国主导，我国主要以模仿跟随和二次优化创新为主。目前大模型的关键环节技术能力如 Transformer 底层架构、人类反馈强化学习 RLHF 学习方式、Prompt 模型调优等核心原创技术均由美国企业提出并已成为全球主流技术路线。国内大模型基础技术主要以跟随、模仿国际主流的模型架构为主，利用自身的优势数据，进行模型技术的优化创新。如百度通过在训练阶段引入知识图谱增强模型在知识任务中的任务表现，构建基于知识增强的大模型；阿里基于谷歌稀疏混合模型架构思想推出 M6-OFA，使用 512 卡 V100GPU 实现 10 万亿参数大模型训练。

我国大模型能力整体仍有差距，部分细分领域可能略有优势。生成内容方面，ChatGPT 支持 49 类任务，覆盖绝大部分主流语言任务，且能够实现代码编写、活动计划编写、文字扮演游戏等特殊任务，我国大部分类 ChatGPT 产品则聚焦在知识问答、文学创作等常规任务方面，且生成内容质量（知识广度、自然度、响应速度等）有一定差距。**通用性方面，**ChatGPT 基于 8000 亿个单词的语料库（约45TB 的文本数据）进行训练，知识库更新至 2023 年 4 月，大规模、高质量的语料库提升了模型通用表现。目前，主流的数据集多以英文为主，直接采用英文数据集进行训练会导致模型在中文任务中内容生成质量、通用性等方面的显著降低，如复旦 MOSS 对话大模型训练中使用 3000 多亿个英文单词，中文词语只学了约 300 亿个，导致中文回答水平低于英文回答水平。**逻辑推理能力方面，**ChatGPT

能够利用思维链进行复杂度较高的推理，具备优于其余语言模型的上下文语义理解能力，可一次性读取 300 多页文字内容，并能够基于多模态能力进行环境感知推理，我国类 ChatGPT 产品则普遍存在表现不够稳定、逻辑不顺等问题。**常识识别方面，** ChatGPT 训练数据包含维基百科、社交媒体帖子和新闻文章等海量英文常识和知识储备，在通识常识方面具有明显优势。我国类 ChatGPT 产品虽然在该方面能力有所欠缺，但在金融、零售、教育、医疗等专业细分领域可能实现超越：如京东 ChatJD 预计参数规模千亿级，将主要应用于零售和金融领域；科大讯飞行业认知智能大模型计划服务于教育、医疗领域，其中教育领域实现中英文作文辅导、口语陪练、数学辅导、百科老师等功能，医疗领域通过医患的自由多轮问答，实现 AI 导医导诊、医疗辅助诊断等功能。

1.4.3　底层软硬件短板和差距可能进一步拉大

大规模预训练模型动辄亿级到千亿级的参数规模，模型体积是传统小模型的千倍以上，难以在单张计算卡上完成训练和推理，对大规模分布式训练和多卡推理需求强烈，人工智能软硬件体系从底层技术到系统架构迎来巨大挑战。一方面，需混合精度训练、特定领域架构等底层技术创新，强调芯片、框架对大模型的原生支持能力；另一方面，开始从单一环节的性能比拼向软硬件协同、系统计算效率、可扩展性等系统化升级侧重。然而，目前我国芯片、框架等核心软硬件仍处于技术追赶阶段，对大模型训练/推理支持不足，部分企业仅针对特定大模型进行优化，缺乏通用支持能力；同时，国产软硬件间存在不兼容、不适配等各自为战问题，缺乏系统化联合优化和协同。上述问题使得在大模型时代，我国基础软硬件的短板进一步凸显放大，差距将进一步拉开。

第 2 章　技术演进脉络分析

以 ChatGPT 为代表的大模型是一系列底层原创技术突破和工程创新结合的成果，既遵循 Transformer 基础架构和运行机理，同时在微调技术、优化机制等方面实现多项创新，是现阶段逼近通用人工智能愿景的主要技术路线，且未来一段时间仍将引领人工智能主流发展方向。

2.1　技术体系分析

类 ChatGPT 模型具备良好的人机交互和人类意图理解能力，是人工智能向通用智能阶段迈出的重要的一步。如图 2-1 所示。

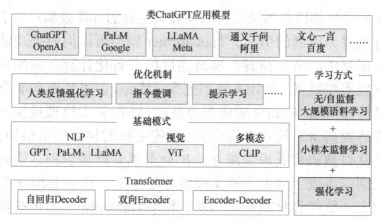

图 2-1　类 ChatGPT 大模型技术体系

从技术层面看，类 ChatGPT 模型取得巨大成功，是算法架构创新（自回归 Decoder、双向 Encoder 等）、基础模型升级（NLP、视觉、多模态大模型等）、学习方式突破（无/自监督学习、小样本学习、强化学习等）、优化机制（人类反馈强化学习、指令微调等）等一系列创新共同作用结果，构成了大模型技术体系。

2.2　底层技术架构

2.2.1　Transformer 是大模型底层架构的共识

Transformer 是目前各种大模型的基础架构。Transformer 是基于自注意力机制的深度学习网络，架构优势主要体现在全局理解和计算效率方面。**一是具备更强的上下文关联能力**：自注意力机制可以对序列中不同位置 Token 之间的相关性建模，进而使 Transformer 学习到上下文感知表征，与 CNN、RNN 等传统模型相比，克服了仅能关注局部信息的缺点；**二是具有更高的计算效率**：由于自注意力机制的引入，Transformer 模型可以同时处理输入序列中的所有位置，实现高度的并行化计算，虽然具有更多参数量，但计算效率更高。目前，多家厂商和研究机构以 Transformer 架构作为基础，不断扩大模型规模和训练数据量来构建规模更大、性能更好的神经网络模型，并从自然语言处理领域逐步扩展至视觉检测识别、语音识别与生成、多模态图文检索等任务上，Transformer 架构大一统趋势日渐明显。表 2-1 为 Transformer 与传统模型对比。

表 2-1　Transformer 与传统模型对比

模型	模型结构	特征表示能力	训练效率	模型复杂度	鲁棒性
CNN	权重共享的卷积核	局部特征提取能力强，适用于图像、语音等领域	训练效率较高，可并行化	模型结构简单，参数较少，不适用于处理序列数据	对数据噪声、变形等鲁棒性一般
RNN	具有循环链接的结构，如 GRU、LSTM 等	适用于处理序列数据，能够捕捉序列信息的演化过程	训练效率较低，难以并行化	模型结构相对复杂，参数较多	对数据噪声、变形等具有一定的鲁棒性
Transformer	自注意力机制编、解码结构	具有较强的建模能力，适用于处理序列、图像等多种数据形式	训练效率较高，可并行化	模型结构复杂，参数庞大	对数据噪声、变形等具有较强的鲁棒性

　　基于 Transformer 的大模型总体可分为三种技术路线，其中基于解码器的自回归大模型为目前主流技术方案。一是基于编码器的模型结构，以谷歌的 BERT 模型为代表，该方案对输入序列的所有 Token 进行上下文表征学习，多用于机器翻译、语义理解、文本分类等任务，但其冗余注意力会对文本生成任务造成干扰，在语言处理任务上的性能也逐步被后两者路线赶超。二是基于编码器-解码器的模型结构，以 Meta 的 BART、谷歌的 T5、百度的 ERNIE 等模型为代表，该方案将编码器学习到的上下文表征输入解

码器进行逐词文本生成，多用于文本生成、问答系统、文本分类、机器翻译等，但该方案训练效率较低。**三是基于解码器的模型结构，**以 OpenAI 的 GPT、谷歌的 PaLM、Meta 的 LLaMA 等模型为代表，该方案不会受到额外冗余信息的干扰，能够生成具有高度流畅性和语义准确性的文本，且其结构相对简化，可以降低大模型的计算复杂度和参数量，提高训练和推理的效率。由于 GPT-3 展现了尤为出色的文本生成和对话能力，目前其解码器自回归结构已经成为了各大厂商与研究机构普遍认可的主流技术方案。图 2-2 展示了三种 Transformer 大模型结构路线对比。

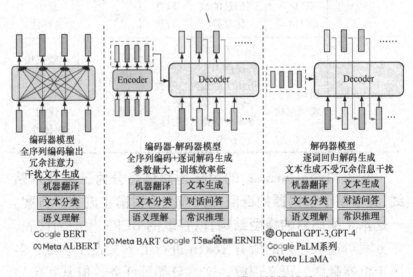

图 2-2　三种 Transformer 大模型结构路线对比

2.2.2　模型运行机理类似猜词游戏

大规模预训练模型底层基于 **Transformer** 架构，其训练核心是通过海量数据得到词序列中的概率分布，从而对

给定序列中的下一个单词进行预测。Transformer 架构的自注意力机制是大模型具备从海量数据中学习语义信息的基础，其主要作用为在一个句子中，找到每个单词与其他单词之间的关联性，进而为模型提供上下文信息，从而更好地理解整个句子的语义。随着训练数据量及参数量的提升，Transformer 架构模型的精度与泛化能力持续改善，在多类任务中出现小参数模型不具备的"涌现"能力。此外，**大模型具备通用建模能力，适用于语音、视觉等多模态任务。**Transformer 网络节点之间的关系通过数据驱动的方式学习得到，由于任意概念都可以用网络中的节点来表示，且概念之间的关系可通过节点之间的边来刻画，因此具有通用性，已从语言领域向视觉领域延伸。

在语言类大模型生成任务中，模型根据上下文信息和已生成目标序列，通过 Transformer 网络架构生成概率最优的 Token。模型首先将用户输入文本切分转换为 Token 序列，并转换为向量，输入模型计算预测值，将概率最高结果向量转换为 Token 单词返回，返回的单词将作为输入 Token 再次进入模型网络，循环预测下一个最优概率的 Token，从而生成最优回答。**支持 Token 长度越大，越有利于提升模型上下文理解能力。**由于生成的 Token 受到历史输入的 Token 及先前生成的 Token 序列的影响，支持输入的 Token 长度越大，预测概率空间中正确可能性越大，但由于 Transformer 的自回归架构，伴随输入序列增长，所需计算、内存资源呈二次方增长，给大模型训练及推理成本带来挑战。因此模型支持上下文 Token 长度成为模型迭代升级的重要部分，OpenAI 将 ChatGPT 底层模型升级至 GPT-4，把支持 Token 长度从 4096

个提升至 32768 个（相当于 50 页文本）。如图 2-3 所示为文本和图像领域的 tokenization（分词）示例。

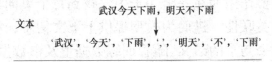

图 2-3　文本和图像领域的 tokenization（分词）示例

自注意力机制（Self-Attention Mechanism）建立全局上下文联系。自注意力机制是 Transformer 的核心架构。每一个 Token 被转换为 query、key 和 value 三种特征向量表示，通过点积计算序列中各个 Token 表征之间的自注意力分数 α 并加权求和，以获得每个 Token 位置的上下文感知表征，如图 2-4 所示。自注意力机制具有建立长距离依赖关系的能力，使得模型可以处理更长的文本片段，更好地挖掘和建模文本数据中的关联性和语义信息，并处理复杂的语言结构和关系。

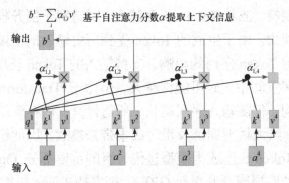

图 2-4　自注意力机制示意图

Transformer 解码器根据上下文信息和已生成目标序列，预测生成词语。 在文本生成任务中，Transformer 利用自注意力机制来计算当前位置 Token 与序列中前序位置 Token 之间的关联度，得到当前位置的上下文感知表征，并将其映射到目标词汇表的维度，通过 softmax 函数计算其在目标词汇表中的概率分布，选择概率最高的候选词语作为生成词，并将其添加到输出序列中。随后，解码器会重复执行上述过程，根据当前 Token 的上下文信息和已生成的部分目标序列，预测下一个词语的概率分布，逐步生成目标输出序列，直到达到终止条件或最大生成长度。图 2-5 以语音识别为例展示了基于 Transformer 自回归解码器结构的"猜词游戏"机理。

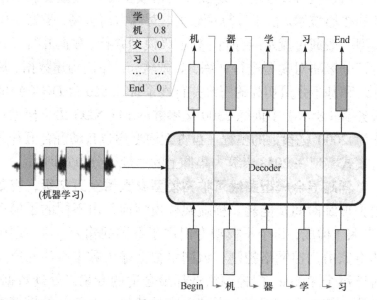

图 2-5　基于 Transformer 自回归解码器结构的"猜词游戏"机理

2.2.3　模型类型分为两类，稠密模型和混合模型各有侧重

　　稠密单体模型路线在零样本任务上表现较好。稠密单体大模型通过构建稠密的网络架构，将模型从数据中学习到的规律在网络上统一存储，通过提升参数规模，稠密单体模型的性能提升较为明显，在零样本任务中表现出色。**稠密模型训练对计算及内存要求高，模型规模一般为千亿级。**由于稠密模型在进行模型规模扩展时需要对全结构的模型进行扩容，在计算过程中需要激活整个神经网络完成任务，对内存及计算资源要求较高，参数规模难以大幅提升。已有的稠密单体模型的规模一般为千亿级，如 OpenAI1750 亿参数的 GPT-3、百度 2600 亿参数的文心大模型等。**引入多种并行策略进行训练优化，是提升稠密模型参数数量及训练效率的核心技术。**由于计算量较大、对算力需求高，稠密单体模型一般通过流水线并行、算子级模型并行、数据并行等并行切分策略对模型进行训练，如微软、英伟达构建数据、流水线和基于张量切片的三维并行性系统在 560 台 DGX A100 服务器（8 卡）中训练 5300 亿参数的 MT-NLG 语言模型；华为 2000 亿参数的鹏程·盘古大模型通过自动混合五种并行模式实现在 2048 卡算力集群上的大规模分布式训练。

　　稀疏混合模型路线可扩充模型参数量至万亿级，有效减少训练时间及能耗。稀疏架构模型通常由不同的子模型（专家）构成，每个子模型专门用于不同的输入。每一层中的专家由门控网络控制，该网络根据输入数据激活专家，对于每个 Token，门控网络选择最合适的专家来处理数据，因此计算量大幅减低，支持更高数量级（万亿）的模型训练。**目前稀疏混合模型精度提升相较稠密模型涨幅较缓，**

但能大幅提升模型参数规模，有望成为解决大模型参数增长与算力代价之间矛盾的关键路径。 从实验数据来看，当参数量增长，单体模型仍保持较好的精度提升趋势，稀疏混合模型的精度涨幅放缓，但大模型参数量的提升为模型学习更多知识激发"涌现"能力创造可能，目前仍有多家研发机构积极布局稀疏混合模型架构。如谷歌作为稀疏混合模型路线的先行者，于 2017 年首次提出了 MoE（稀疏门控的专家混合层），2021 年推出的 1.6 万亿参数大模型 Switch Transformers，其训练效率与之前的稠密模型 T5-Base Transformer 相比提升了 7 倍，并于 2022 年发布稀疏通用语言模型 GLaM，模型参数量为 1.2 万亿，在 29 个基准测试中超过 GPT-3，训练能耗减少了 2/3，推理计算量减了一半；阿里巴巴针对混合专家稀疏模型增加专家分组机制，大幅提升超大规模模型训练性能和稳定性，模型参数量达 10 万亿。两类路线典型代表模型如表 2-2 所示。

表 2-2　两类路线典型代表模型

模型类型	机构	模型名称	模型参数量
稠密单体模型	谷歌	PaLM 2	3400 亿
	谷歌	Gemini	万亿级（未披露）
	Meta	LLaMA	650 亿
	Meta	LLaMA 2	700 亿
	GPT-3	OpenAI	1750 亿
	微软-英伟达	MT-NLG	5300 亿
	华为-鹏城实验室	鹏程·盘古	2000 亿
	百度	文心	2600 亿

续表

模型类型	机构	模型名称	模型参数量
稀疏混合模型	谷歌	Switch Transformer	1.6 万亿
	阿里	M6	10 万亿
	谷歌	GLaM	1.2 万亿
	腾讯	HunYuan-1T	1 万亿
	华为	PanGu-Σ	1.085 万亿
	智源	悟道 2.0	1.75 万亿

2.3　三大主要基础模型类型发展情况

全球 AI 技术、互联网、计算等头部企业将基础通用大模型建设提升至竞争高点定位，已实现全能力布局。 在以语言处理、视觉、多模态为代表的基础大模型领域，美国起步较早，谷歌、微软、OpenAI、Meta、英伟达等领先企业及机构在 2019~2022 年间频繁升级，已基本完成语言、视觉和多模态三种类型进行全能力布局，引领基础通用模型的发展。以谷歌为例，自 2018 年起，在语言处理领域陆续推出 BERT、T5、Switch Transformer、PaLM、GPT、LLaMA 等多个 NLP 大模型；在多模态领域，研发了视觉语言多模态理解模型 MUM、CoCa，多模态生成模型 Imagen、Parti，进一步提升了生成效果；并在视觉领域提出 ViT 模型架构，持续迭代升级。图 2-6 所示为近年来头部主体大模型总览。

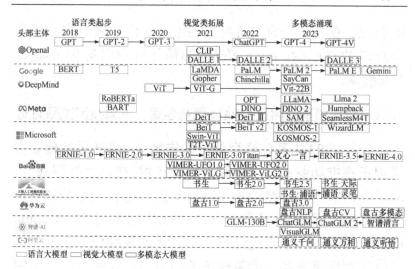

图 2-6 近年来头部主体大模型总览

基础模型体现出三大技术发展趋势。一是持续降本、提升计算效率。大模型在带来性能增益的同时，对算力及计算效率也提出了新的挑战，头部企业开始探索使用更低资源消耗构建大规模预训练模型。如，DeepMind 推出 700 亿参数的语言模型 Chinchilla，通过加大训练数据量，参数数量仅需 1/4，就可实现 2800 亿参数语言模型 Gopher 的同等效果；谷歌发布语言模型 FLAN 引入指令调节方式，提高模型处理和理解自然语言的能力，相较 GPT-3 参数减少 400 亿，但在 19 项 zero-shot 任务中超越 GPT-3。**二是头部主体密集研发多模态生成模型。**通过探索不同技术路线，提升模型对文本的理解能力及生成图像逼真、细节度。谷歌推出 200 亿参数的 Parti 多模态图像生成模型，支持在图像中生成单词，图像细节、清晰度进一步提升。**三是加速迭代，提升模型在多任务上的准确率和泛化能力。**如谷歌视觉语言模型 CoCa 具有较强的泛化能力及性能表现，在视觉识别、跨模式检索、图像描述等多个任务中获得 SOTA，在 ImageNet 的图像任务中刷新 91.0%top-1 准确率。

2.3.1　语言模型：闭源 GPT-4 优势显著，开源模型试图破局

闭源 GPT-4 基础模型处于领先地位，但开源基础语言模型正在推动业界技术研究与创新应用。在语言处理领域，基于解码器自回归结构和 LLaMA 预训练模型是开源语言大模型的基础架构。虽然 OpenAI 的 GPT-4 和谷歌的 Gemini 两款大模型取得了出色性能，但其闭源规则导致业界无法了解其训练策略和模型架构细节信息，一定程度阻碍了领域的研究发展。Meta AI 相继发布了开源的大语言模型 LLaMA 和 LLaMA 2，LLaMA 具有从 70 亿到 700 亿 4 种参数规模的版本，完全使用公开语料数据集进行训练，为业界参与大模型训练与研发降低了门槛。此外，BigScience 也发布了具有 1650 亿参数规模的 BLOOM 推动大模型开源，使用 46 种自然语言和 13 种编程语言进行训练。TII 通过人工筛选提高训练数据集的质量训练了 Falcon 大模型，以 400 亿参数的规模在涵盖专业知识、常识推理等任务的开源大模型基准上取得了冠军，超过了 LLaMA 等开源模型的表现。

基于开源的基础语言模型逐步衍生出一批大语言模型。2023 年 3 月，斯坦福大学发布了 70 亿参数规模的语言大模型 Alpaca（羊驼），基于 52000 条合成指令数据在 LLaMA-7B（美洲驼）基础上进行微调。受到 Alpaca 的启发，加州大学伯克利分校等高校的研究人员，共同推出了

一个 Vicuna-13B（小羊驼）开源聊天机器人。Vicuna 收集了 7 万条真实 ChatGPT 对话作为指令集基于 LLaMA-13B 基础大模型微调，以 GPT-4 为评判标准的评估结果表明 Vicuna-13B 以小规模数据微调和相对小规模参数量达到了 OpenAI ChatGPT 和谷歌 Bard 90%以上水平，同时在 90% 以上的情况下超过了 LLaMA 和 Stanford Alpaca 等其他模型的表现。2023 年 5 月，华盛顿大学发布了 Guanaco（原驼）大模型，结合量化编码和低秩分解基于 LLaMA 基础模型微调训练，显著减少模型训练所需计算资源，在与 Vicuna 相同的基准测试上由于现有模型表现，达到 ChatGPT 性能水平的 99.3%。2023 年 8 月，波士顿大学构造了 Open-Platypus 小规模的数据集，由公开文本数据集的精选子集组成，重点是提高 LLM 的科学工程和逻辑知识，基于 LLaMA 2 通过高效微调出 Platypus（鸭嘴兽）模型，超过 LLaMA 2 模型能力水平。

2.3.2 计算机视觉：谷歌 ViT 基础模型主导

视觉领域基础大模型以 ViT 为主导。谷歌提出的视觉 Transformer（ViT），首次将 Transformer 模型应用于图像处理，相较于传统 CNN、RNN 处理局部感知，ViT 可在整个图像范围内并行建立像素之间的上下文联系，在图像特征提取与分类任务上超过了此前基于 CNN 的模型性能，展示了大模型在视觉领域应用的潜力。随着 ChatGPT 等大模型在 NLP 任务上的成功，ViT 也发布了更大规模的模型版本。ViT 模型根据参数量从小（86M）到大（22B）排列共有 5 款，分别为 ViT-B、ViT-L、ViT-

H、ViT-G、ViT-22B。随着模型参数规模与训练数据的不断增加，5 款 ViT 模型在 ImageNet 等图像分类任务上的性能也逐步提升。

业界从模型结构和下游任务两方面对开源 ViT 模型进行改进。基于开源 ViT 基础视觉大模型，众多厂商和研究机构纷纷开发并发布新的视觉大模型。技术方面，模型结构持续改进。微软提出了 Swin Transformer，在 ViT 的基础上通过窗口化的自注意力机制处理图像，克服了计算和内存开销的问题，展示了强大的性能。McGill 大学和微软云提出将卷积与 ViT 结合，综合卷积局部特征与 ViT 的上下文表征，实现更高的识别分类性能。瑞士苏黎世联邦理工学院提出 PVT，将特征金字塔结构引入 ViT，进一步提升了 ViT 的性能和适用性。下游任务方面，不断微调基础 ViT 模型应用于新任务新应用。Meta 发布了"分割一切"大模型 SAM，采用预训练 ViT-H 架构，具有上亿级的模型参数量，使用具有 1100 万张图像共 11 亿分割目标标注的数据集 SA-1B 进行训练，在一系列实体分割任务上取得了突破，可应用于内容创作、AR/VR、3D 建模等领域。随后，Meta 发布了基于预训练 ViT 的视觉大模型 DINO v2，通过自监督的方式进行微调训练，用于分类、分割、图像检索、深度估计等下游任务，并取得了领先的性能表现。

2.3.3 多模态：多路线并行，探索通用智能路径

多种模型路线并行发展，期望实现具身智能。多模态大模型能够同时处理文本、图像、语音等多种数据，并进行深

度的语义理解和交叉模态推理，能够处理更加贴近真实世界的任务，在深度人机交互和更加全面的智能应用方面具有潜力，是实现具身智能的重要依托技术。在多模态架构中，视觉框架以 ViT 为主，语言框架则主要基于 GPT、PaLM 和 LLaMA，目前，多模态大模型技术路线可分为三类：一是将语言大模型作为中央处理器，调动其他功能模块以松耦合的方式完成多模态任务，以 OpenAI 的 Visual ChatGPT 和 HuggingGPT 为代表，主要应用于基于自然语言的图像、视频、音频生成任务，如文生图、文生视频等；二是直接对齐融合图像信息和文本信息的多模态大模型，主要以微软的 KOSMOS-1、OpenAI 的 CLIP 为代表，使得文本模型和视觉模型学习到共同的特征表示，主要应用于图文理解、图像生成、目标识别分类等任务；三是通过跨模态编码器实现不同模态信息交互，将其他结构与语言大模型进行有机结合，提高多模态理解与生成能力，主要以 DeepMind 的 Flamingo、谷歌的 PaLM-E、上海人工智能实验室的 LLaMA-Adapter V2 等为代表，主要应用于图文理解、视觉问答、任务规划等场景。以上三种路线并行发展，尚无主导路线出现。

2.4　模型能力提升突破方向

2.4.1　微调技术是模型创新的重点

大规模预训练语言模型可通过多种调优方法优化在下游任务中的性能表现，目前存在两大主流路线。一是根据不同的下游任务，引入任务数据集，对预训练模型进行针对性微调（Fine-Tuning），即模型"迁就"各种下游任务。由于每一种下游任务都需要微调并存储一份该任务的模型样本，所以此方法对存储资源、算力要求较高，目前也出现通过训练一小组参数来解决传统微调技术需要大量资源问题的调优方式，如适配器微调。二是挖掘语言模型本身具备的知识能力，通过设计提示或构建指令集将不同的下游任务转换为任务模板，帮助模型理解任务指令，指导模型输出，从而快速提升任务性能，典型代表方法如谷歌Instruction Tuning、OpenAI Prompt。

相较于 Fine-Tuning，Prompt 调优在下游任务中的学习成本更低，成为目前模型调优的主流路径。目前，基于提示模板的调优方式已衍生出包括思维链、思维树等在内的多种方法，如谷歌提出思维链概念，通过引入中间推理步骤，提升百亿参数大模型在推理任务中的性能表现；普林斯顿大学、DeepMind 的研究提出了适用于语言模型的思维树（ToT）框架，通过生成多个输出的决策链，算法回溯选择最优解，提升模型的推理求解能力，如在计算 24 点任务中，成功率达到了 74%，大幅高于 GPT-4 的 4%的成功率。此外，Prompt 调优方法已被应用至视觉大模型领域，如康奈尔大学、Meta 等研究者提出视觉 Prompt 新方法（VPT），只在输入空间中引入少量特定于任务的可学习参数，在 20 个任务中超过了全面微调方法的性能，且调优参数少于主干网络参数的 1%。表 2-3 为典型调优技术一览。

表 2-3　典型调优技术一览

路线	方法名称	机构	技术特点	提升指标
引入下游样本数据进行预训练	全量微调	—	将预训练模型与少量特定任务数据一起再次训练。在此过程中，预训练模型的权重被更新，以更好地适应下游任务	引入少量样本进行微调后的下游任务性能表现
	适配器微调（Adapter Training）	谷歌	预训练 Transformer 结构中嵌入微调参数，冻结预训练参数，只对新增的 Adapter 结构进行微调，训练更快，内存需求更低	只额外增加 3.6%参数规模的情况下取得和全量参数微调接近的效果
	LORA 微调	微软	冻结预训练的模型权重，并将可训练的秩分解矩阵注入到 Transformer 架构的每一层，减少了下游任务的可训练参数的数量	有效提升预训练模型在下游任务上的 Fine-Tuning 效率
构建指令/模板帮助模型理解任务	指令集微调（Instruction Tuning）	谷歌	在预训练阶段设计提示指令结合数据和标签进行有监督训练，而非针对特定下游任务	不同下游任务泛化能力，T5 模型微调后在 MMLU 上准确率提升 4.2%
	提示微调（Prompt Tuning）	OpenAI	根据给定提示引导模型与下游任务对齐	提高模型对齐不同下游任务的泛化能力
	思维链（Thought-of-Chain）	谷歌	逐步展示推理过程，引导模型通过多个中间步骤完成推理与计算任务	提升不同下游任务泛化能力，尤其是推理和数学能力

路线	方法名称	机构	技术特点	提升指标
构建指令/模板帮助模型理解任务	思维树（Thought-of-Tree）	普林斯顿大学、谷歌DeepMind	生成多个输出的决策链，算法回溯选择最优解	提升不同下游任务泛化能力，尤其是推理和数学能力

2.4.2　人类反馈强化学习是解决幻觉、强化事实理解的关键

ChatGPT 为代表的大模型在原有无监督训练路线中引入人类反馈强化学习（RLHF），通过人类干预来增强模型理解能力。原有大模型路线以无监督学习为主海量数据集降低数据标注和人工依赖，给定输入，不给输出，"自由发展"，使大模型具备较强的学习及泛化能力，但普遍存在模型的输出与人类意图"对齐性"较差的问题，不符合人类真实偏好。ChatGPT 通过引入人类反馈强化学习，对过去一味追求大参数量、无监督学习的路线进行"修正"。加入人类专家对模型学习结果的反馈，帮助模型理解输入信息、输出信息，避免模型产生有害或错误的结果。但由于模型表现受到不同标注者价值观的影响，很难形成满足所有社会和社会结构的偏好和规范的奖励模式，如遭遇到毒性提示，模型生成有害内容的可能性增强。此外，基于人类反馈强化学习的方法增加了训练样本的构建成本，OpenAI 招聘了 40 个博士来进行 ChatGPT 的人工反馈工作，人类偏好监督样本约五万条，在大模型训练阶段产生额外费用。

人类反馈强化学习通过引入人工标记数据及反馈，利用强化学习优化模型，可分为三个阶段。**一是训练监督策略模型阶段**，在模型训练过程中，从训练数据集中抽取问题，由人类专家构建标准答案，收集到的数据通过监督学习调优底层模型获得 SFT（Supervised Fine-Tuning）模型。**二是训练奖励模型阶段**，从测试库中采样问题，将大模型输出的多个回答进行枚举，由人工对回答的质量进行排序，得到的排序结果用于训练奖励模型调节大模型参数，从而使得高质量回答得分高于低质量回答，模型生成内容更贴近人类行为，但此时模型尚不具备持续优化的能力。**三是引入强化学习优化策略阶段**，将奖励模型输出作为奖励函数，根据强化学习来策略重复第二、三阶段，持续优化模型参数。

2.4.3 思维链提示学习技术是提升逻辑推理的重要探索方向

思维链作为一种提示词调优方式，通过向大模型提供结构化的提示，指导模型更好地进行复杂的推理任务。当前大模型在文本生成、专业考试等任务中已有出色表现，但其基于的 Transformer 的架构的语言模型技术机理类似于"猜词游戏"，通过给定输入预测下一个输出的 Token，导致其并不具备思考能力，在推理任务中的性能有待进一步提升。思维链调优技术将人类解决复杂推理问题"自上而下，逐步求精"的思想通过提示词（Prompt）模式反馈到语言模型，从而激发大模型通过多步分解问题提升正在推理任务中的性能表现。思维链提示学习方式须给定大模型包含三元组要素的提示：输入、思维链、输出，其中思维链将问题分解为多个中间步骤，指导大模型按照多步思维模式进行输出。

　　思维链提示学习能够快速增强大模型在推理任务中的性能表现，提升模型可解释性，但仍属于"黑盒"调优。思维链提示学习使得模型的回答过程具有较好的可解释性，能够通过大模型多步骤推理过程定位错误步骤，便于输出内容优化。此外，由于思维链调优无须对大模型进行全参数优化，仅须将思维链提示包含到大模型输入范例中，即可在大语言模型中激发多步推理能力，调优成本低，表现提升快。但在思维链提示学习过程中，仍存在生成错误的推理路径的情况，无法证明大模型是否真正学会推理能力。此外，学者研究显示，目前思维链提升学习仅在百亿级参数以上的大模型中提升明显，且不同模型在不同数据集上的提升表现存在差异，其内部机制仍处在探索阶段。

2.5　应用模型发展情况

　　各类应用大模型基于底层 Transformer 网络架构利用大规模语料数据预训练，并通过指令提示微调、人工反馈强化等机制微调训练，从而在不同的下游任务中取得了出色的性能表现和泛化能力。语言大模型已经在对话生成、问答系统、机器翻译、情感分析、检索推荐等领域得到广泛应用，其中最为熟知的即为 OpenAI 的 ChatGPT、谷歌的 Bard、百度的文心大模型、阿里的通义大模型等聊天对话产品，展现出卓越的对话理解和文本生成能力。在视觉领域，基于 ViT 基础预训练模型架构，结合自监督学习、知识蒸馏等训练策略，Meta AI 的 SAM、DeiT、DINO v2

等视觉大模型在分类、分割、图像检索、深度估计等下游任务中都取得了出色表现。在多模态领域，结合 NLP 和视觉领域的基础模型和跨模态信息融合机制，OpenAI 的 CLIP、谷歌的 PaLM-E、商汤的书生等多模态大模型在图文理解与生成、图文检索等任务中展现了卓越能力。

应用模型的主流技术路线是预训练模型在垂直领域的迁移泛化，应用场景从知识问答扩展到感知决策。当前，基于基础模型面向不同场景领域知识进行微调开发已成为应用模型的主要技术方案，应用场景从自然语言知识问答向逻辑推理规划、多模态感知决策扩展。

2.5.1 科学计算模型加速科学发现、助力工业生产

科学计算模型缩短药物研发周期、加速科学新发现。一是缩短药物研发周期。DeepMind、华为、英矽智能等头部厂商布局科学计算大模型在分子和蛋白质结构预测与生成上的应用，简化、缩短药物研发周期与成本。**二是加速科学新发现。**上海交通大学等科研机构布局大模型在科学研究领域的应用，化学合成（BAI-Chem）模型加速从分子设计、反应设计，到条件生成、反应检验等化学合成全链条，从传统方法的几个月提速到几十分钟。神经流体（BAI-NeuroFluid）模型加速流体粒子模型的计算与模拟，10 万粒子场景的模拟速度比现有流体仿真软件提升一个量级，从而赋能更高效的全链条仿真模拟实验速度，加速科学新发现。**三是支撑癌症影像诊断。**阿里达摩院发布多癌影像分析通用模型 cancerUniT，支持八种主流的高发高致死癌症（肺、结直肠、肝、胃、乳腺、食管、胰腺、肾）以及相关器官中的肿瘤子类型诊断，检测任务的平均敏感性（不

漏诊）达到 93%，平均特异性（不误诊）达到 82%，提供可靠的辅助医疗诊断。

科学计算模型助力工业设计生产效率提升。在流体力学领域，中国商飞发布三维超临界机翼流体仿真大模型东方·翼风，大飞机三维翼型设计速度提升 1000 倍，大大缩短商用大飞机研发周期。华为与西北工业大学联合打造秦岭·翱翔大模型，将单个机翼样本的耗时从小时级缩短到秒级，实现分布载荷和集中力相对误差小于 1%。在电磁仿真领域，华为发布电磁仿真模型 MindSpore Elec，应用于手机通信器件设计，端到端仿真速度提升 10 倍以上。

科学计算模型在气象预报领域呈现出快速发展趋势，头部厂商与科研机构纷纷布局。DeepMind 发布了基于图神经网络的自回归模型 GraphCast，以 90%的概率超过欧洲气象中心的预报精度。上海人工智能实验室联合上海交通大学、上海中心气象台发布了全球中期天气预报大模型风乌，对关键气象要素的有效预报时长达到 10.75 天，超过物理预报模型。华为发布了盘古气象大模型，实现 3D 高分辨率 AI 气象预报，已正式上线欧洲中期天气预报中心官网提供预测服务。

2.5.2 编程与数学大模型体现复杂逻辑推理能力

编程能力不断提高，应用场景不断扩展。一方面，以 OpenAI 的 GPT、谷歌的 PaLM、Meta 的 LLaMA、华为的 PanGu-Coder 等为代表的模型使用大规模的代码库进行预训练，以学习编程语言的语法和代码模式。另一方面，以智谱 AI 的 CodeGeeX、微软的 WizardCoder、Meta 的 CodeLLaMA、北京大学的 CodeShell 等为代表的多家主体

则在预训练模型的基础上通过高质量代码数据微调方式布
局编程大模型，增强基础模型的代码生成与补全能力，提
高开发效率与代码质量。通过微调训练，Meta 的
CodeLLaMA 和微软的 WizardCoder 的代码运行通过率均
已超过 GPT-3.5 的能力水平。此外，GPT-4 等模型集成代
码解释器外部工具进一步提升模型编程能力，通过链接预
置的 300 多个 Python 代码库，实现即时的程序执行、修改
和调试，并支持数据分析、图表生成与可视化等功能，进一
步扩展应用场景。表 2-4 和图 2-7 展现了编程大模型在
HumanEval 代码数据集上的一次性运行成功率不断提升，但
仍有较大提升空间[5]。

表 2-4　国内外主流编程大模型及性能表现

类型	模型名称	厂商/机构	通过率
预训练模型	AlphaCode	DeepMind	17.1%
	PaLM	谷歌	26.2%
	LLaMA 2-70B	Meta	30.5%
	Falcon-180B	TII 研究院	35.3%
	GPT-3.5	OpenAI	48.1%
	PanGu-Coder2	华为	61.6%
	GPT-4	OpenAI	67.0%
微调模型	CodeGeeX	智谱 AI	22.9%
	CodeGen	Salesforce	29.3%
	StarCoder	HuggingFace	33.6%
	CodeShell	北京大学	34.3%
	InstructCode	Salesforce	35.0%
	PaLM-Coder	谷歌	36.0%
	CodeLLaMA	Meta	53.7%
	WizardCoder	微软	57.3%

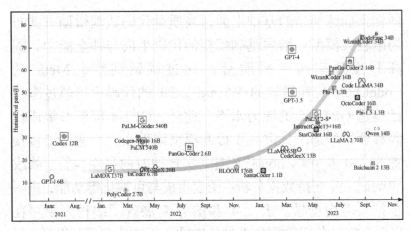

图 2-7　编程大模型性能演进

　　微调训练与计算引擎提升通用模型数学理解深度与计算能力。通用模型训练数据缺乏数学推理证明、微积分等特殊符号计算相关内容导致通用模型对数学概念理解深度不足、对数学语境和术语理解不够，国内外主体纷纷布局通过微调训练与外部计算引擎提升模型数学计算能力。谷歌的 Minerva 以 PaLM（5400 亿）为基础，在 118GB 大小的数学计算数据集上进行微调训练。微软的 WizardMath 基于 LLaMA 微调训练，在 GSM8K 数据集上实现 81.6%的计算准确率，略优于 ChatGPT、PaLM 2。此外，上海交通大学和智谱 AI 的研究人员也分别基于 LLaMA 和 GLM 模型微调训练发布了数据大模型。通过微调训练数学大模型，已具备从小学到高中多种类题型的解题能力。此外，好未来为代表的数学培训机构根据多年积累的高质量数学解题数据训练专用模型 MathGPT，结合计算引擎，试图弥补大模型"重文轻理"的弱点，通过千亿级规模参数赋能数学解题能力，实现题目计算、讲解、问答，在 CEval-Math 数学计算数据集计算能力表现超 GPT-4。然而，随着题目难度级别增大，现有数学大模型准确率均明显下降，解题水平仍需持续提高。表 2-5 列出了国内外主流数学计算大模型及其在 GSM8K 和 CEval-Math 两个数学能力测评数据集上的能力表现。

表 2-5　国内外主流数学计算大模型及性能表现

模型名称	厂商/机构	GSM8K	CEval-Math
GPT-4	OpenAI	92.0%	54.1%
Abel	上海交通大学	83.6%	—
WizardMath	微软	81.6%	—
MathGPT	好未来	—	58.0%
MathGLM	智谱 AI	32.3%	36.2%
Minerva	谷歌	58.8%	—

来源：中国信息通信研究院整理。

2.5.3　知识问答提升人机交互体验

大模型具备复杂意图理解、跨模态问答等能力，显著提升知识问答人机交互体验。传统的知识问答应用一般通过语义匹配模型结合知识图谱、知识库等实现问题的回答，缺少问题深度理解及答案二次处理等能力，且需要投入人力维护更新知识库。大模型在语义理解、逻辑推理、情感分析等方面明显强于中小规模模型。另外，大模型可综合运用文本、语音、图片、图像等视觉数据，实现跨模态分析、检索和生成等能力。因此，基于大模型的知识问答应用能够准确揣摩用户意图，实现上下文理解、多模态理解，并结合知识图谱、知识库等专业知识对知识点进行汇总、整合，生成更贴切的答案。

大模型与知识有效结合，缓解大模型幻觉、强化知识问答效果。大模型虽然在性能方面较传统模型实现了显著提升，但其仍然面临着生成结果的不可靠性、不稳定性等方面的问题，尤其是在专业领域的答案可解释性、可靠性和稳定性上存在弊端。知识图谱、知识库等沉淀了垂直领域的专业知识，具备可解释、可推理等优势。大模型通过对常识知识和领域知识的学习与结合，能够实现优势互补，一方面缓解了大模型本身存在的幻觉问题，另一方面也进一步优化了知识问答性能效果，增强问答结果的可解释性。

注入大模型的知识问答应用模式多样，催化市场增长。基于大模型的知识问答应用以智能客服、知识助手、知识管理工具等应用模式已在众多行业实现应用，提高交互智能化能力和知识获取效率。在金融领域，可以回答股票、基金、期货等相关问题，为投资者提供投资建议和市场信息；在教育领域，可以通过提问方式获取知识点的解释、例题的讲解等，为学生提供个性化的学习辅导；在法律领域，能够提供全面的法律法规、案例解析、合同条款等知识，为法律咨询和法律事务处理提供重要支持。此外，知识问答还在医疗、传媒、政务等行业发挥重要作用，大大优化了工作流程和效率。2021 年至今，在大模型的强效助力下，智能客服、知识问答等对话式 AI 的市场规模持续上涨，预计 2026 年将达到 108 亿元，带动近 4 倍相关市场的发展。

2.5.4　感知决策大模型加速推动具身智能落地

具身智能推动机器人从"旁观式学习"向"实践学习"

的方向发展。具身智能（Embodied AI）是指有身体并支持物理交互的智能体，具备自主决策和行动能力，它可以像人类一样感知和理解环境，通过自主学习和适应性行为来完成任务。目前大部分深度学习模型训练使用的数据来自于互联网，而非现实世界第一人称视角，只能学习到训练数据中的固定模式，无法从真实世界中直接学习，因此现有机器人尚无法适应现实世界。现实当中的人类是通过对现实世界的观察、互动、反馈等学习，大脑中的部分认知依赖物理身体与世界持续不断地交互，因此学习到越来越多的技能来适应环境。具身智能是让机器人像人一样，通过物理身体与环境的互动来学习，通过主动感知或者执行任务的方法来感知世界，对世界进行建模，增强对世界的认知和锻炼行动能力。

感知决策大模型为具身智能体在复杂场景中执行长程任务提供支持，包括任务规划、信息输入到训练学习能力的提升。在任务规划能力上，多任务拆分与新任务泛化成为支撑基础。谷歌 2022 年发布模型 SayCan，首次引入大语言模型辅助任务执行，通过结合大语言模型帮助机器人进行任务规划，随后在 2022 年发布的 RT-1 模型又重点在任务拆分与泛化上显著提升。在信息输入能力上，重点提升多模态信息的处理与融合。RT-1 模型突破实现了多模态信息输入，2023 年 PaLM-E 大模型又进一步实现了多模态输入的高效融合和端到端数据训练，提高了具身智能体理解能力。在训练学习能力上，利用更大数据集或生成式代码提升处理性能。2023 年谷歌发布 RT-2 大模型，将视觉语言模型（VLM）与机器人任务数据集结合，使其可以对数据中从未见过的物体或场景执行操作任务。随后发布的 RT-X 模型更是结合了来自 21 个机构的 22 个机器人的 OpenX 大规模机器人数据集，使其任务成功率有了大幅度的提升。而微软将 ChatGPT 运用至生成机器人的高层控制代码，实现了人力成本更低的机器人自主运动。

人形机器人是具身智能成长的重要土壤。具身智能可应用于人形机器人、自动驾驶、无人机等众多领域。在人形机器人领域，具身智能可以使机器人更好地感知周围环境、做出智能决策，并执行相应的动作，以实现各种任务和目标；在自动驾驶领域，具身智能可以使汽车更好地感知道路、判断交通情况，并做出安全的驾驶决策；在无人机领域，具身智能可以使无人机更好地感知空中环境、规避障碍物，并执行精确的飞行任务等。其中，人形机器人是具身智能的重要应用场景，将为具身智能的迭代优化提供方向和空间。具身智能最大的特质就是能够以主人公的视角去自主感知物理世界，用拟人化的思维路径去学习，从而做出人类期待的行为反馈，而不是被动地等待数据投喂。人形机器人提供了各种基于人类行为的学习和反馈系统，为实现更复杂的行为语义提供了迭代的基础和试验场，因此，人形机器人的逐步完善也为具身智能的落地提供了方向。

第3章 产业体系升级重点趋势

"大模型+大算力+大数据"成为全球人工智能发展的主导路线，有望撬动产生数万亿美元经济价值，人工智能产业体系加快调整重塑，芯片、框架、平台、数据等各环节创新竞赛进入白热化阶段，相互间协同优化水平达到新高度，高效支撑大模型前沿创新和应用落地。大模型训推系统作为各类模型算法的运行基础，涉及算法、框架、软件栈、芯片、集群等多个环节，需要全栈协同优化才能实现系统收益最大化。与国外已形成"PyTorch 框架+CUDA 软件栈+英伟达 GPU"稳定、高效、收敛的软硬件支撑体系相比，我国软硬件厂商多样，已面向主流大模型展开初步适配，通过加快软硬件深度协同，提升技术生态能力。面向大模型的训推系统体系架构与国内外现状对比如图 3-1 所示。

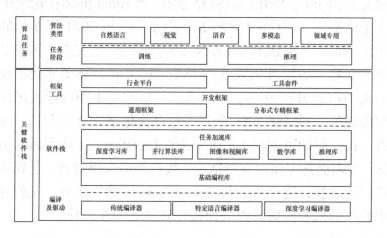

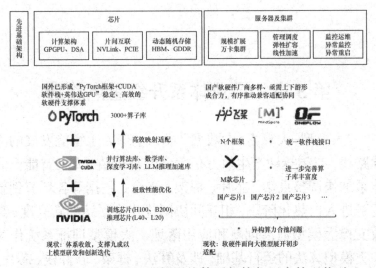

图 3-1　面向大模型的训推系统体系架构与国内外现状对比

3.1　框架发展情况

　　基础通用框架两强并立局面被打破，PyTorch 一枝独秀引领框架发展。目前，PyTorch 已主导学术界，使用占比持续提升，PapersWithCode 数据显示，PyTorch 框架在论文中使用比例从 2020 年 9 月的 51%稳步提升至 2023 年 9 月的 60%，而同期 TensorFlow 则从 20%骤降至 3%左右。从技术能力来看，2022 年底发布的 PyTorch2.0 将计算图捕获正确率从 50%提升至 99%，解决其上一版本动态图编译困难的致命缺陷，同时将 2000 余算子整合优化至 250 个左右，仅需一行代码即可实现 1.5 到 2 倍的 Transformers 模型训练加速，大幅提升大模型支持能力，编译效率大幅提升，受到业界广泛欢迎，逐渐扩大与 TensorFlow 的竞争优势，先前持续数年的框架两强并立局面被打破。如图 3-2 所示。

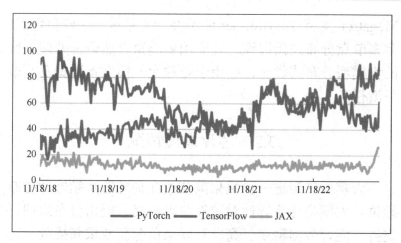

图 3-2　AI 框架全球搜索热度
（来源：谷歌趋势）

大规模分布式训练成为框架的新发力点，一批专精框架显现。 微软 DeepSpeed、英伟达 Megatron、谷歌 JAX 等强化大模型分布式支持能力、提升训练效率的专精框架成为新主力。当前，开发框架主要面向大模型分布式训练异构资源管理调度、多节点任务调度等方面完成优化。一是针对分布式训练中计算资源稀缺问题，提升异构硬件统筹调度能力，丰富计算资源供给。微软 DeepSpeed 在多 GPU 系统上展现出较好的分布式扩展性，相较于 Megatron 和 JAX，其应用更为广泛，包括计算机视觉、自然语言处理、推荐系统等，旨在提高大模型的训练速度和效率；谷歌 JAX 同时支持 GPU 或 TPU 硬件加速，相较于其他专精框架，专注于提供高性能数值计算库，更适用于科学计算、模拟仿真等领域，为模型训练中的复杂运算场景提供多样灵活的加速模式。二是针对分布式训练中的多节点调度问题，利用模型并行技术，提升节点级别的协同能力。英伟达

Megatron 支持 Transformer 模型并行（张量、序列和管道）和多节点分布式预训练，其应用更侧重自然语言处理领域的大模型分布式优化，适用于处理大规模文本数据及复杂下游任务。

3.2　芯片发展情况

大模型热潮进一步强化英伟达在训练芯片领域的垄断地位。大模型计算特性对硬件要求极高，提出分布式训练支持、混合数据精度、高速互联通信等新要求新挑战，英伟达凭借"高性能训练芯片+CUDA 生态"进一步强化垄断地位，2023 年 11 月市值已达年初 3 倍。**在产品层，**英伟达密集发布芯片、服务器、集群等多类产品并快速迭代，更新速度大幅超越以往水平，试图保持领先于竞争对手，近一年时间训练侧发布产品包括 H100、H100 NVL、GH100、H200、GH200 等，在算力性能、内存容量、传输速率等方面实现极致优化。**在架构层，**英伟达分析大模型计算需求，在 Hooper 架构引入 Transformer 引擎提升算法计算性能，利用启发式算法实现数据精度动态切换，在保证精度前提下降低计算总量，同时利用张量内存加速器（TMA）处理大模型矩阵乘加运算的规律化访存，降低简单重复任务的资源消耗。**在软件层，**持续升级分布式训练框架 NeMo Megatron，如引入序列并行（SP）和选择性激活重计算（SAR）等训练加速技术，并结合主流大型语言模型特性做出优化，大幅提升训练效率。

推理芯片领域英伟达优势依然明显，但细分场景多样

化应用需求为更多厂商带来发展机遇。在推理侧，英伟达推出面向不同应用场景的专用平台，如适用于视频处理的推理芯片 L4，适用于图像处理的推理芯片 L40、L40S 等，强化细分领域竞争力；同时今年推出开源加速库 TensorRT-LLM，大幅提升 GPU 推理吞吐量，加快大型语言模型推理速度，GPT-J 6B 模型在 H100 平台上推理性能提升 8 倍，为大模型本地化部署提供有力支持。但与训练侧不同，推理芯片更加强调与细分场景业务结合能力，为更多厂商带来突破机遇，如 Meta 今年发布的定制推理芯片 MTIA，能够有效支持公司包括内容理解、信息流、生成式 AI 和广告排名等在内的业务场景；亚马逊 Inferentia 推理芯片承担了部分 Alexa 语音助手业务负载；云天励飞 DeepEdge10 芯片聚焦 AIoT 边缘视频、移动机器人等场景。

多方试图破局，出现三类挑战者。尽管目前英伟达垄断人工智能计算生态，但面对高昂的采购成本和庞大的市场空间，各方持续寻找替代英伟达的解决方案，出现三类挑战者。**一是以 AMD、英特尔为代表的半导体巨头**，凭借深厚技术积累、庞大资金支持和市场渠道优势，推出面向大模型和人工智能的高性能计算产品，如 AMD Instinct MI300 芯片、英特尔 Gaudi2 芯片等，在内存容量、存储带宽、性价比等方面形成差异化竞争优势。**二是以 Cerebras、d-Matrix、Graphcore 等为代表的芯片初创企业**，尝试通过超大尺寸芯片、存内计算等非常规技术路线取得突破，已获得 OpenAI、微软、三星等行业巨头投资。**三是以微软、Meta 等为代表的互联网巨头加快自研芯片进程，**试图摆脱对英伟达的依赖，提升议价能力，如微软推出 MAIA 100，采用 5nm 工艺，服务微软云大模型训推；Meta 发布首款自研推理芯片 MTIA v1，基于 7nm 工艺 ASIC 芯片，与自身 PyTorch 框架高度适配。

3.3　软硬协同发展情况

主要厂商积极推进软硬件协同布局，形成以智能芯片为主导和算法/框架为主导两类发展路线。智能芯片厂商借助软件栈实现软硬件深度协同，由底向上最大限度发挥硬件潜能，降低算法创新门槛。如英伟达分布式训练工具 Megatron 和推理优化程序 TensorRT-LLM 已接入主流异构计算平台，支持提高大模型时代的模型开发效率和模型质量；英特尔软件套件 SynapseAI 与主流框架集成，简化模型的开发和迁移。算法/框架厂商则加速整合多元芯片，抢占生态主动权。开发框架通过丰富灵活的接入方式主动对接芯片厂商，自上而下抢占联盟、标准等产业生态主动权。TensorFlow 官方宣布支持苹果 M1、TPU 等芯片加速模型训练；PyTorch 完善第三方芯片接入机制，提供昇腾 AI 芯片接入的参考实现，指导三方设备便捷接入；百度飞桨、华为昇思已与 20 多家芯片厂商完成适配工作，为大模型人工智能技术的发展与落地提供有力支撑。

软硬件协同持续向易扩展、高性能方向加速迭代。主要厂商陆续推出基于大规模算力集群的模型开发工具，算力底座从千卡集群向万卡互联方向突破。微软为 OpenAI 打造数万块 A100 组成的大型 AI 超级计算机，并提供 DeepSpeed 开源库支持千亿参数模型的训练。Meta RSC 超算集成 16000 块 A100 支持 LLaMA 大模型加速训练迭代。

同时，集群管理软件与芯片协同演进，追求软硬件支撑体系整体性能最大化。谷歌 A3 训练平台通过英伟达 NVSwitch 和 NVLink4.0 互联技术保证 GPU 之间的互联速度达到 3.8TB/S，减少计算资源的空耗与浪费。阿里 PAI 灵骏智算服务全托管平台支持管理万卡级别的单训练任务，自研高性能网络提供无阻塞、低延时访问数据。

3.4　开源生态发展情况

以 LLaMA 为代表的开源模型推动模型能力快速迭代，衍生孵化了一批微调模型。Meta 的 LLaMA 是首个将训练数据集、训练推理代码、预训练模型权重完全开源的大模型，采取与 GPT 相同的技术路线，具有从 70 亿参数到 650 亿参数不同规模的 4 款模型，以供开发者在不同规模算力条件下二次开发，极大降低了大模型的研发门槛，推动业界技术研究与创新应用。目前，业界出现了一大批以高校和科研机构为主体，基于 Meta 的 LLaMA、BigScience 的 BLOOM、智谱 AI 的 ChatGLM 等开源基础模型微调二次开发的衍生模型，提升模型指令遵循与应用泛化能力。同时，开源社区的开发者推动基础开源模型技术迭代实现通用能力提升，LLaMA 2 相较 LLaMA 增加了 40%的高质量训练数据[6]，支持上下文长度从 2K 增加到 4K，整体通用智能水平较 LLaMA 明显提升。智谱 AI 的 ChatGLM3 相较上一代 ChatGLM2 分别在英文多学科知识考试基准（MMLU）任务上提升 36%、中文多学科知识考试基准（CEval）任务上提升 33%、数学能力测试基准（GSM8K）任务上提升 179%[7]。目前，以 LLaMA 2 为代表的开源模型在阅读理解、专业考试、常识推理、数学计算等方面能力不断提高，已具备与 ChatGPT 等闭源模型同等的能力水平，试图对闭源模式发起挑战。表 3-1 为基于LLaMA 微调的主流基础模型概览。图 3-3 展示了开源LLaMA 在多项任务上达到 GPT-3.5 能力水平。

表 3-1　基于 LLaMA 微调的主流基础模型概览

基座模型	微调模型	机构	发布时间	模型参数
LLaMA	Alpaca	斯坦福大学	2023 年 3 月	70 亿、130 亿
	BELLE	贝壳	2023 年 3 月	70 亿
	Vicuna	UC Berkeley	2023 年 4 月	70 亿、130亿、330 亿
	Luotuo	华中科技大学	2023 年 4 月	70 亿
	Guanaco	华盛顿大学	2023 年 5 月	650 亿
	Dromedary	CMU、IBM	2023 年 5 月	650 亿
	PandaLLM	南洋理工大学	2023 年 5 月	70 亿
	姜子牙	IDEA 研究院	2023 年 5 月	70 亿
	Wizard	微软	2023 年 6 月	70 亿、130亿、700 亿
	Goat	新加坡国立大学	2023 年 6 月	70 亿
	OpenChat	OpenChat	2023 年 7 月	130 亿
	Humpack	Meta	2023 年 8 月	70 亿、130亿、650 亿

来源：中国信息通信研究院整理。

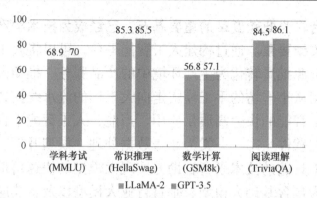

图 3-3　开源 LLaMA 在多项任务上达到 GPT-3.5 能力水平[8]

（来源：Meta，OpenAI）

Meta 借助 LLaMA 开源大模型打通产业上下游，布局生态体系。Meta 已完成开源深度学习框架 PyTorch 和开源模型 LLaMA 的布局，打通了底层开发框架库与上层基础算法，初步建立起 LLaMA 生态体系。此外，Meta 与微软 Azure、亚马逊 SageMaker 等云算力服务商合作，进一步打通了底层硬件算力基础设施，并从微软、亚马逊的转售服务中获利。未来，基于完整上下游生态，Meta 在大模型领域优势或将持续扩张。以 LLaMA 为代表的开源模型已推动衍生出数十款开源大模型，广泛应用于医药医疗、金融、法律、编程、教育与科学等领域。基于开源免费商用协议，中小厂商有望更专注于开源大模型应用端产品设计创新，未来将会有更多基于开源基础模型的商用微调模型落地应用。

3.5　技术平台发展情况

大模型技术正在引领新一轮的人工智能浪潮，人工智能平台作为此轮变革的重要基石，已经成为技术和产业发展的关键要素。通过构建人工智能平台，可以将人工智能基础资源批量转化为生产环境中的产品服务，推动人工智能应用从小作坊的手工模式走向大工厂的流水线模式，促进人工智能的快速高质量应用。当前，人工智能平台形成了两类软件生态：一类为涵盖数据处理、模型开发、模型压缩工具链的技术平台，助力实现大模型的快速落地；另一类为包含基础大模型、垂直行业大模型以及智能应用的服务平台，帮助降低大模型的使用门槛。

数据处理平台是提升大模型能力的重要基础。数据决定人工智能模型的质量，大模型开发面临数据处理效率低、数据质量评估难、数据安全要求高等诸多挑战。**集成全网数据感知、标准化处理、安全检测的数据处理平台成为发展趋势**。具体来说，全网数据感知是指获取海量的未加工数据，形成丰富的原始数据资产；标准化处理是指面向大模型数据处理需求和处理流程，通过抽象出标准化加工过程、沉淀出通用组件，提升数据处理效率；安全检测是指通过数据集质量评估、上架检测、使用回溯等保障数据安全合规，为大模型开发提供源源不断的高质量养料。

模型开发平台是大模型生产的核心引擎。模型训练环节，结合分布式训练框架，从芯片、算力、AI 任务调度到算法模型等纵向统筹优化，为大模型的开发训练提供了高效保障。同时，大模型的训练包含预训练、有监督微调、模型对齐等环节，算法实现复杂、操作流程繁琐，为使用户能够快速串联大模型的训练环节，产出个性化模型结果，平台工具链应运而生，且已迅速覆盖到大部分模型开发平台产品中，如华为 ModelArts、百度千帆平台、阿里云 PAI 平台等。此外，由于大模型特定环节数据需求量大、训练过程长，从数据、算法、工程等全方面考虑，模型开发平台需要具备资源管理能力、任务调度机制，保证训练过程的稳定性，提供良好的使用体验。**推理部署环节**，往往面临推理性能、显存占用、计算规模、响应时间难以平衡的问题。在传统机器学习时代，部分场景中为了减少显存占用、加速响应时间，往往采用模型压缩、框架加速等方式，这一方案在大模型时代更为凸显。模型量化是大模型部署前的普遍步骤，如何平衡精度损失与压缩效果也是当前学术界和产业界的关注热点。在 vLLM、Faster Transformer 等推理加速工具与框架的基础上，模型开发平台参与方提出自研加速方案，如百度文心一言模型结合 PaddlePaddle 框架协同优化，使得推理性能提升 30 多倍；腾讯混元大模型与太极平台在模型压缩和分布式推理环节进行优化，资源占用减少 40%。此外，大模型通过提示工程、思维链等技术，可更好地诱导模型产出人类预期结果，然而不同大模型对于提示词敏感度不同、不同提示词的设计对模型的输出影响巨大，如何快速定位、调试到最优提示词也是推理服务环节的关键问题。

大模型正在向边缘端延伸。一方面边缘 AI 平台助力边缘设备集约化管理。随着 AI 应用从云端向边缘端拓展，各行业场景覆盖多形态、多种类的边缘设备，边缘 AI 平台能有助于异构设备的高效管理。例如，华为 ModelArts Edge 平台向异构算力、轻量级智能设备及服务器等提供了统一纳管的能力。**另一方面边缘 AI 平台促进大模型技术与边**

缘设备深度集成。通过优化的 API、SDK 和硬件设备接口，大模型技术能够更广泛地应用于边缘节点上。目前，大模型已开始在手机端、PC 端进行全面部署。例如，华为已宣布手机系统接入盘古大模型，小米手机端的"小爱同学"已升级至大模型版本，联想发布了手机端 AI 大模型 Moto AI。

大模型催生供给新模式。模型即服务（Model as a Service，MaaS）是指通过 API 方式调用基础大模型，根据不同业务场景需求构建专属模型。MaaS 解决了企业构建大模型成本高、时间长、难度大的痛点，有助于形成更懂行业知识、效果更精准的垂直行业模型和应用。当前，国内外头部云厂商纷纷推出 MaaS 平台，依托其技术积累优势，提供大模型的全套全流程开发工具与套件、GPT 系列等基础大模型，帮助开发者快速构建定制化模型。同时，面向金融、教育、工业等高要求、高频次的重点行业，CV、NLP、语音、多模态等常见领域，以及语音助手、代码助手、智慧办公等典型应用，正在形成以模型为中心的体系化生态，如阿里魔搭社区、百度千帆 AI 原生应用商店等。

3.6　数据发展情况

随着数据的重要性日益凸显，原本对模型性能的不断追求转而变为了对训练数据数量与质量的追求，由此也诞生了以数据为中心的人工智能（Data-centric AI），即在模型相对固定的前提下，通过提升数据质量来改善整个模型训练效果。

数据成为大模型竞争的关键要素之一。算力、算法和数据是驱动人工智能产业发展的三驾马车。随着"以数据为中心的人工智能"（Data-centric AI）的概念越来越成为行业共识，数据作为新的生产要素，在大模型发展中的作用日益凸显，真正成为人工智能的"石油"。知名学者吴恩达提出了数据和模型的"二八定律"：80%的高质量数据与20%的模型训练构成了更好的模型。当前 GPT-4 的数据规模已经达到了 1.8 万亿参数、13 万亿训练数据，其数据量是 GPT-3.5 的 190 倍。未来大模型训练数据集规模还将持续级数增长。高质量、大规模和丰富性数据成为提升 AI 大模型表现的关键：**一是高质量，**高质量数据能够提高模型精度与可解释性，减少训练时长；**二是大规模，**独立增加训练数据量、模型参数规模或者延长模型训练时间，能够显著提升模型训练效果；**三是丰富性，**丰富的数据能够提高模型泛化能力，避免模型过拟合。

我国大模型训练数据集来源呈现多样化特点。目前我国用于大模型训练的数据主要有以下来源：**一是开源数据集，**此类数据集经过简单的洗清处理，可以直接进行模型训练和测试。以我国科研机构和企业发布的系列开源数据集为代表，如上海人工智能实验室的 Opendatalab 公布了5721 个开源数据集，其中 WanJuan1.0[9]下载次数超过了13.7 万次；另外，还有百度 DuReader 数据集和阿里天池数据集、CLUE 开源社区的 CLUECorpus2020、智源人工智能研究院的 WuDaoCorpora 等。开源数据集存在的主要问题是目前开源总量还较少，以及缺乏行业专用数据集。**二是政府和企业的公开数据，**数量较多，形态多样，需要自行抓取并进行预处理才可使用，且数据质量无法保障；**三是企业和机构自有数据**，领域性和专业针对性较强，适合与行业大模型深度结合，但无法轻易获取，且对数据加工处理能力要求较高。如腾讯混元大模型的自有数据主要来自微信公众号、广告数据和微信搜索等，华为盘古大模型的行业数据涵盖了商业端的气象、矿山、铁路等。**四是合作伙伴数据**，通常是针对相关领域或任务的数据，可靠性与实用性较高，但可能存在定向授权，涉及隐私、安全或法律等合规性问题。**五是外部采购数据**，我国已有 56 家正规数字交易所，通过 API 接口对外提供数据，部分机构也在自有平台上对外销售研究报告、聚合型数据表格等数据资源。外购数据可根据需求定制化采购，专业性或需求针对性较高，数据结构性较强、质量较高。中美代表性开源数据集情况比较如表 3-2 所示。

表 3-2　中美代表性开源数据集情况比较

区域	数据集	类型	发布机构	数据量
美	CommonCrawl	爬虫	Common Crawl Foundation	81TB
	C4	爬虫	华盛顿大学等	305GB
	OpenWebText2	社媒	OpenAI 等	65.86GB
	OpenWebText	社媒	华盛顿大学、Facebook AI Research	38GB
	Wikipedia	网络知识	维基百科	PB 级
	BookCorpus1/2	书籍	多伦多大学、麻省理工学院等	5.8GB
	ArXiv	科研	ArXiv 等	3.87GB

续表

区域	数据集	类型	发布机构	数据量
美	GitHub	代码	GitHub	PB 级
	ROOTS	综合	HuggingFace 等	1.6TB
	Pile	综合	EleutherAI	886GB
中	CLUECorpus2020	爬虫	CLUE 开源社区	100GB
	书生万卷 1.0	综合	上海人工智能实验室等	2TB
	CAIL2018	司法文书	清华大学、中国科学院软件研究所、中国司法大数据研究院	3.4GB
	WuDaoCorpora	综合	智源人工智能研究院等	数据总量：5TB 开源量：200GB

来源：中国信息通信研究院整理。

合成数据将成为大模型数据供给的主要形式。随着大模型越来越多的应用，对于高质量数据集的需求越来越强烈。高质量语言数据的增长受制于人口规模、经济发展等因素影响，以 4%～5%的速度增长，远低于大模型训练需要的数据量。根据 Gartner 预测，到 2024 年，60%用于 AI 开发和分析的数据将会是合成数据；到 2030 年，合成数据将彻底取代真实数据，成为 AI 模型所使用数据的主要来源。必须防患未来数据存量耗尽的危机，充分利用 AIGC 技术，根据模型的需求生成内容，转化为新的数据集，为 AI 模型的训练提供新的"燃料"。

大模型训练催生指令微调和人类偏好两类新兴数据

集。指令微调是一种在由"指令-输出"对组成的数据集上进一步训练大模型的过程。指令微调数据集可以显著提升下游任务能力。面向任务的指令微调数据量为 1K 至 50K，问答对时，可以帮助提升大模型下游任务性能、快速实现个性化应用。指令微调数据集只需要使用原始数据集的不到 0.5%便足以训练出高性能的任务专用模型，相比使用完整任务相关数据进行训练的模型，其性能提高了 2%[10]。大模型训练同样推动了人类偏好数据集的发展，促进了相关领域如自然语言处理、机器学习、RLHF 等技术的进步，通过强化学习从人类的反馈中进行学习，从而使语言模型更好地与人类的偏好保持一致。人类偏好数据集可以引导大模型作出合理回答，当人类偏好数据超过 50K 样本时，由人类对回答内容进行质量打分并排序，使模型输出符合人类期望。总的来说，大模型训练推动了指令微调和人类偏好数据集的发展，而这些数据集的进步又进一步提升了大模型的性能，有效形成了数据与模型的飞轮效应。

第4章　重点领域应用现状

大模型发展的最终目标和核心动力是推动人类文明演进和经济社会进步，带动产生更大的科技、经济和文化价值。大模型作为一种赋能技术，具有产业链条长、带动效应强、应用空间广的特点，有望在各行业培育形成新质生产力。如何高效、安全、便捷、低成本地将大模型技术导入各个垂直领域发挥赋能作用，将成为未来一段时间各国、各企业和各行业关注和思考的重要问题。

4.1　大模型带来人工智能应用新范式

大模型作为一项新兴技术，其应用落地经历着多个阶段，包括模型开发、基础模型、行业模型、能力集成和泛化赋能等多个重要环节。第一阶段，着重于提升大模型本身的技术能力，专注于提高其准确性和性能。第二阶段，关注的焦点逐渐由技术突破转向全流程服务，特别关注平台与工程化能力。第三阶段，行业大模型逐渐崭露头角，对大模型的可控性、可信性以及隐私保护等方面提出了更高的要求。当前，业界逐渐关注大模型在行业赋能方面的探索，以实现更为精确、高效的应用。在这个过程中，大模型技术能力、工程化和平台能力的提升相辅相成，构建起大模型从实验室到实际场景的落地路线图。

　　技术层面上，大模型技术落地是应用开发的基石。目前，大模型落地技术主要体现在两方面。一是大模型本身的技术能力。在模型开发阶段，通过利用大规模通用数据构建复杂的通用业务场景模型，然后基于基础大模型进行微调，以适应特定场景。通过引入提示工程，基础大模型满足特定场景业务需求。通过持续的迭代和优化，大模型的准确性和泛化能力得到不断提高，从而加强在语义、视觉、多模态等方面的表现，构建垂直领域业务大模型，如工业大模型、金融大模型、科学大模型等。二是工程化和平台能力。为了实现大模型的广泛应用，需要关注开发、部署、应用的全流程工程化落地。通过降低大模型开发应用的门槛和技术难度，满足不同开发者的使用需求，有效推进大模型赋能各行各业。同时，大模型技术奠定了模型即服务的基座，将大模型通用技术整合成服务，显著降低人工智能应用门槛，为广泛用户提供便捷而高效的应用服务。

　　应用层面上，大模型呈现领域应用多样化发展。随着大模型技术的突破，通过少样本上的增量学习可实现泛化赋能到专有业务场景，呈现领域应用多样化。人工智能代理（AI Agent）、检索增强生成（RGA）等应用成为大模型时代的重要落地方向。其中，AI Agent 是以大语言模型为大脑，可以实现自主理解、长期记忆、规划决策、执行复杂任务的智能体。AI Agent 充分结合大模型"脑"与数字员工"手"二者的优势，一方面破除了大模型"有脑无手"的困局，另一方面赋予数字员工多重能力，带来更高级的自动化解决方案。当前 AI Agent 分为自主代理和生成代理两大类，自主代理根据需求自动规划并执行任务，成为高效的服务工具，如 AutoGPT、BabyGPT 等；而生成代理拥有自己的记忆目标和社交关系，是独立的机器个体，如斯坦福西部世界小镇等。检索增强生成将行业知识转化为向量进行存储和检索，通过知识检索结果与用户问题结合形成 Prompt，通过整合外部知识源和内部知识库，有效解决特定领域的问答，增强了大模型的响应能力。

4.2　大模型促进经济发展

大模型推动工业经济快速发展。2023 年 9 月，习近平总书记就推进新型工业化作出指示：推进新型工业化，要以智能制造为主攻方向，推进信息化与工业化的融合，巩固已有产业体系的优势地位，开展重点领域核心技术攻关，提升关键产业自主可控能力。据埃森哲预测，到 2035 年，AI 应用将帮助制造业增长 4 万亿美元的经济价值，中国制造业的人工智能技术也将在未来 5 年中保持年均 40%以上的增速。**在工业制造领域，**人工智能能够赋能生产制造全流程，从工艺设计、智能排产、工业质检、设备预测性维护到供应链管理，帮助企业降本增效，提升产业质量，如大模型助力工业生产中精密仪器仿真设计与状态监测，大华股份将大模型应用于电力行业，从整个变电站全貌，到变压器等仪器仪表设备运行状态，通过大模型对电力场景全貌真实孪生重现，辅助可视化管理，并可助力施工操作推演实训、运维数据自主分析决策等，实现对企业的高效运营管理。**在能源领域，**人工智能可以应用于能源供应和使用优化，例如通过分析大规模数据来进行电网管理和优化能源分配。**在农业领域**，人工智能技术可以用于提高农业生产效率和强化作物质量管理。例如，利用传感器和图像识别技术来监测土壤湿度、气候条件和病虫害等，以实现精准化农业生产。**在采矿领域**，智能化机器人可以替代人类，完成大量高重复、高风险、复杂度高的任务，不仅能够实现自动化运输和装卸，同时也能够通过监控分析，帮助企业优化资源分配，提高采矿的生产效率和质量。

　　人工智能助力金融业智能化转型。金融业面临同质化竞争加剧、人力成本上升、监管力度加大等挑战，也希望通过新技术带来新的变化。AI+金融出现后，对于金融营销、客服、风控起到了升级促进作用。生成式 AI 能够自动生成营销文案、海报，分析客户情绪。数字员工能够模仿人类工作状态，在电脑或移动端自动执行简单、重复、烦琐、规则性的业务流程。智能风控系统有效促进了风控时效提升，提前预判风险点位、实现事前事中处理。**在金融风控领域**，中国工商银行基于 AI 的智能风控可实现毫秒级别的快速风控，将风控准确率提升约 2 倍，该风控系统已拦截欺诈交易 1089 万笔，为客户避免损失金额 550 亿元。**在智能投研领域**，蚂蚁金融发布的智能助手每天可辅助每位投研分析师高质量地完成超过 100 篇研报的金融逻辑和观点提取，并且能够回答普通用户提出的金融问题，更广泛地服务金融从业人员和用户。

　　人工智能帮助汽车产业升级。据世界卫生组织统计，全球每 24 秒就有人因交通事故丧命。另外，据国外某交通领域的数据分析公司统计，2022 年全球主要城市年度拥堵时间超过 100 小时。汽车使用过程中的尾气排放也对环境造成了不利影响。在此背景下，新能源汽车应运而生，且融合了 AI 技术向智能化汽车进化。AI 自动驾驶系统可以帮助人类驾驶车辆，地图生成大模型可将制图成本大幅降低，自动驾驶还可以帮助矿车提升作业效率。举例来说，百度发布了国内首个纯视觉城市辅助驾驶方案，可以指挥汽车绕过障碍物、识别道路交通标识，实现安全驾驶，能用于高速、泊车等多个场景。大模型的加入让智能汽车拥有了更好的理解能力，例如小鹏汽车集成了自研的灵犀大模型，可读懂用户的眼神、理解用户的语义、识别用户的意图，有效提升了驾驶体验。

人工智能加速电信行业数智化转型。一是有效提升网络规、建、维、优、营全生命周期五大类场景的任务性能，例如自智网络、资源管理、负载平衡、网络优化等。 中国联通 2019 年开始进行自智网络的理论研究和实践，已打造了以网络资源中心和网络数据中心为基础的丰富的集约化能力，资源中心纳管 461 种、85 亿条网络资源，管全管准可视，实现全生命周期管理；在网络中台之上，中国联通还打造了统一的网络运营平台和网络 APP，支撑生产运营服务，联通网络 APP 每日工单量超过了 15 万条，有力地支撑了一线生产和管理，自智网络的能力建设、落地应用进入正循环，价值效果持续显现。**二是增强电信关键业务场景的用户体验，例如智能客服、套餐推荐、智能计费、商业智能等。** 中国电信推出生成式语义大模型 TeleChat，实现客服坐席智能话术提醒和知识推荐，提升客户满意度。**三是助力电信话务领域中的风险控制，例如电信欺诈检测、**

风险用户识别等。中国移动发布九天人工智能大模型，聚焦政务及客服行业应用，可实现网络诈骗识别、风险用户评估等。**四是降低通信行业的生产经营及运营成本。中国联通利用人工智能和大数据分析，构建了基站小区的多维度精准画像。**根据潮汐规律，预测小区的价值度，并针对不同小区采取不同的节能策略。通过高并发的指令编排调度，实现高效智能、安全可靠的基站节能策略。这种基站智能节能方案在全国 31 个省份规模应用，节能小区覆盖超过 400 万个。至今，已经累计节省电力超过 3 亿度。AI未来也将在下一代通信系统（6G）中发挥作用，例如应用在语义通信中，建立以多/跨模态电信大模型为核心的通信范式，协同处理文本、图像、音频、视频等多模态语义信息，提升电信信息处理效率。

4.3　大模型改善民生服务

医疗方面，大模型技术应用在诊前、诊中、诊后各个环节，充分挖掘和利用医疗数据资源，从而提升医疗水平。随着大模型落地路径逐渐明晰，当前已形成智能分诊、智能诊疗等典型应用案例，价值日益凸显。**大模型提高医疗问诊服务水平。**当前，医疗问诊领域存在患者和医疗资源匹配不精准的问题。在医疗问诊中应用 AI，一方面能够为医生提供专业参考，节省沟通成本，另一方面能够帮助医生从重复性流程中解放出来，使其专注于患者诊疗。以腾讯医疗大模型为例，诊前阶段，数字人就医助手提供 7×24小时的智能客服及专业科普服务；诊中环节，基于大模型学习的百万级医患对话及 3000 多种疾病推演解析，能够实现高效辅助问诊；诊后阶段，可实现智能化随访管理等应用。AI 在医疗问诊领域的应用，能够帮助医生更有效地管理患者，提高医疗服务的质量和效率，从而优化医疗资源，缓解医疗资源紧张的情况。同时，**AI 提升医学影像准确性**。当前传统医学影像领域面临专业人才缺口大、误诊漏诊率高、诊断速度有限等痛点。基于多模态传感信息融合与感知一体的 AI 医学影像设备，能够精确病灶定位、快速病理分析、精准诊断。对患者而言，AI 医学影像有助于增强诊断的可靠性；对医院和医务工作者而言，AI 医学影像能够降低诊断成本。如华为盘古医学大模型可以应用于脑部疾病、心血管疾病、消化道疾病等众多领域，在肺癌检测中，可以快速准确地检测出肺部结节，为医生提供可靠的诊断依据。AI 在医学影像领域的应用，既帮助提升阅片效率，又能够降低漏诊率，同时提升影像科医生的工作效率和质量。

教育大模型推动因材施教与个性化学习，推动高质量教学。数据驱动的教育垂类大模型，将通过对师生在教育教学过程中所产生的教育数据的收集和分析，实现精准教学、大规模因材施教和个性化学习，推动教育高质量发展。好未来根据多年积累的高质量数学解题数据训练千亿参数数学解题大模型 MathGPT，结合计算引擎弥补大模型"重文轻理"的弱点，实现题目计算、讲解、问答，在 CEval-Math 数学计算数据集计算能力表现超 GPT-4。松鼠 Ai 智适应教育大模型结合知识图谱和检索增强生成技术在知识点和知识点之间、知识点和题目之间建立内在联系，具体拆解题目每个解题步骤进行讲解，提高用户的学习效率。网易推出"子曰"教育大模型，通过多轮对话与巧妙提问来启发孩子的思维，逐步引领孩子自行探索问题，从而避免单调的填鸭式灌输，而是培养孩子主动探索的学习精神与习惯。

4.4　大模型加速科学发现

大模型加速科学发现与产业创新应用。自 2018 年 DeepMind 提出 AlphaFold 模型，将人工智能带入药物研发领域后，各大企业、研究机构纷纷布局科学智能，利用人工智能技术加快关键科学技术研发与突破。**在生物医学制药领域，**2023 年 11 月，新一代 AlphaFold 发布，支持预测蛋白质数据库（PDB）中的几乎所有分子，其预测精度可以达到原子级，为疾病通路的功能研究、基因组学、生物可再生材料、植物免疫、潜在治疗靶点、药物设计机制以及蛋白质工程和合成生物学等领域提供了全新的工具，推动人类迈向下一个"数字生物学"时代。**在气象预测领域，**天气预报模型 GraphCast，可在 1 分钟内精准预测全球未来 10 天的天气。2023 年 9 月，谷歌在 ECMWF 网站上部署的 GraphCast 模型实时公开版本，提前约 9 天准确预测出飓风 Lee 将在 Nova Scotia 登陆。通过 AI 技术赋能气象预测，可以帮助人类了解更广泛的气候变化模式，增强全球社会应对重大环境挑战的能力。**在材料研发领域，**人工智能技术结合高通量计算，能够跳出尺度和计算模拟限制，对合金材料、锂电池材料、半导体材料等新材料进行高效准确的性质计算与预测，加速材料筛选，促进靶向设计新材料，完成材料和器件的全链条优化。**在物理仿真领域，**人工智能技术具有高维问题处理优势、硬件加速优势及泛化优势，能够提升流体仿真效率及精度，广泛应用于航空航天、汽车电子、能源动力等领域。如中国商飞联合华为研发的东方·御风大模型可实现面向大型客机翼型流场的高效高精度仿真预测，能够将仿真时间缩短至原来的二十四分之一，对流场预测的平均误差可降低到万分之一量级。**在航空航天领域，**大模型助力航空航天领域仿真预测，研发提速增效。航天-百度·文心大模型从航天领域的数据和知识中融合学习，对航天数据进行智能采集、分析和理解，助力深空智能感知、规划和控制等技术突破。航旅纵横发布民航领域千穰大模型，这是一款融合视觉、语言、多模态和计算的混合专家模型，垂直深入民航领域，面向旅客提供智能问答与民航搜索，面向行业提供全场景数智化解决方案。

第5章　我国发展情况

面对大模型创新发展的历史机遇窗口，我国产业链上下游纷纷抢抓布局，围绕模型算法、开发框架、数据服务、AI 芯片、软硬协同等多环节展开积极布局，推出一系列具有竞争力的产品服务，已经初步形成了较为完备的产业链体系。但部分关键环节与国外差距仍然较大，需要继续在底层根技术创新领域深耕研究，实现自主能力突破。

5.1　大模型发展情况

国产大模型仍处于技术追赶阶段，与国际顶尖水平仍有差距。中文大模型能力测评基准 SuperCLUE 在 2023 年 10 月份发布的报告显示，头部国产大模型总体上与 GPT-3.5 能力极为接近，但在计算、编程、多轮对话、指令遵循等复杂推理任务上与 GPT-4 依然有差距。图 5-1 展示了国产大模型的能力测评结果。**国产开源大模型网络结构的原创性仍有待考证。**当前，国际主流开源代码协议 Apache License 鼓励代码共享，允许代码修改，可再发布为开源或商业软件。我国多款开源大模型与美国主流开源大模型 LLaMA 参数规模高度一致，其网络结构的原创性仍有待进一步考证。**20 余款大模型获批备案竞逐大模型蓝海，上下文长度和多模态能力是热点方向。**2023 年 8 月，首批 8 款大模型通过备案获批上线。至 2023 年 11 月，共 20 余款国产大模型通过网信办备

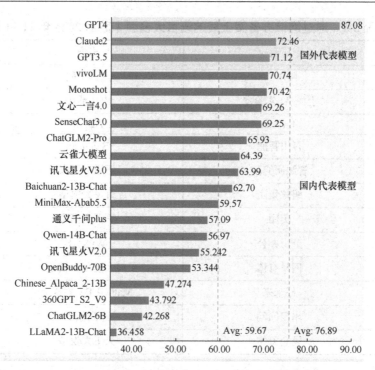

图 5-1　SuperCLUE 国内外大模型能力评测结果

案正式上线。上下文长度和多模态能力是当前模型技术迭代的热点方向,教育领域成为大模型首先落地赋能的应用赛道。支持更长的上下文意味着大模型拥有更大的“内存”,使得大模型的理解更加深入和广泛。国产大模型最高支持 200K 的上下文长度,相当于可一次性读取 40 万汉字,超过 GPT-4 最高支持 128K 的上下文长度。2023 年9 月,GPT-4 升级了多模态能力,国产大模型同步跟进,具备图文生成与理解能力。截至 2023 年 11 月,通过网信办备案上线的语言大模型和多模态大模型如表 5-1 和表 5-2 所示。

表 5-1　　通过网信办备案上线的语言大模型（截至 2023 年 11 月）

厂商	模型
阿里云	通义千问
上海 AI 实验室	书生浦语
MiniMax	ABAB
百川智能	Baichuan
智源研究院	悟道·天鹰
蚂蚁集团	百灵大模型
美团	美团大模型
金山办公	WPS AI
网易有道	子曰大模型（教育）
好未来	MathGPT（教育）
出门问问	序列猴子
昆仑万维	天工大模型

表 5-2　　通过网信办备案上线的多模态大模型（截至 2023 年 11 月）

厂商	模型
百度	文心一言
智谱	智谱清言
抖音	云雀-豆包
科大讯飞	星火大模型
中国科学院自动化研究所	紫东太初
上海 AI 实验室	浦语灵笔

续表

厂商	模型
360	智脑大模型
面壁智能	面壁露卡 Luca
知乎	知海图 AI
月之暗面	moonshot

5.2 框架发展情况

我国通用框架生态市场份额持续扩增,学术界影响力逐步扩大。生态市场方面,两强框架已具备较高的社区支持能力,截至 2024 年 4 月,飞桨文心生态已凝聚 1295 万开发者,服务 24.4 万家企事业单位,GitHub 关注度达 2 万,并显现出较高的活跃度(表 5-3);截至 2024 年 3 月,昇思开源社区贡献者超过 2.5 万,社区贡献比例超过 20%。学术界影响力世界范围内稳步扩增,据 PapersWithCode 网站全球统计数据显示,华为昇思框架论文引用量全球占比近三年呈波动上升趋势,2024 年已稳定至 7%(图 5-2)。

表 5-3 GitHub 关注度数据比较(2024 年)

名称	机构	关注度	活跃度	贡献
TensorFlow	谷歌	183K	74002	3551
PyTorch	Meta	79.2K	21350	3335
PaddlePaddle	百度	21.7K	5455	925
MegEngine	旷视科技	4.7K	534	45

续表

名称	机构	关注度	活跃度	贡献
MindSpore	华为	4.1K	682	476
Jittor	清华大学	3K	303	42

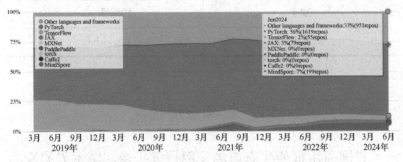

图 5-2 框架论文引用量全球占比（2019～2024 年）

聚焦大模型热点支持能力，重点面向并行训练、训推计算及智能体应用迭代升级，整体接近可用水平。从技术角度看，一是面向训推计算实现算子库优化，降低训推计算开销，如清华大学 Jittor 发布大模型推理库，通过元算子自动编译优化，计算性能相比 PyTorch 提速 120%以上；百度飞桨大模型更新全环节算子融合能力，130 亿参数模型较英伟达 Megatron LM 训练提速 102%～111%。二是通过并行训练加速支撑千亿大模型稳定训练，昇思 MindSpore 提供多维自动并行能力，支持 9 种数据模型并行模式，在大集群上高效可靠训练千亿至万亿参数模型；潞晨科技开源 Colossal-AI 并行训练框架，支持高可扩展性、高鲁棒性，700 亿参数模型相较微软 DeepSpeed 训练提速 195%。从应用角度看，智能体自动化开发成为大模型应用关键领域，如清华大学开源多智能体框架 AgentVerse，帮助基于大语言模型快速、低成本构建多智能体环境；百度智能云将大语言模型组件、多模态组件、基础云组件串联形成智能体应用框架，赋能面向场景的原生应用开发。

5.3　数据发展情况

我国数据资源规模快速增长，数据资源供给能力不断提升，但能够应用至大模型开发的高质量数据资源有限。我国数据资源规模和储量丰富，据国家互联网信息办公室《数字中国发展报告（2022 年）》公布数据，2022 年我国数据产量达 8.1ZB，同比增长 22.7%，占全球数据总产量的 10.5%，仅次于美国居全球第二（图 5-3）。截至 2022 年底，我国存力总规模超 1000EB，数据存储量达 724.5EB，同比增长 21.1%，占全球数据总存储量的 14.4%。2023 年至今，我国快速涌现出一批大规模预训练模型，一方面，人工智能领域愈加复杂的模型算法导致其所需的数据量级呈指数增加态势；另一方面，数据的质量也成为关系到大模型性能优劣的核心要素。然而，当前我国数据资源质量难以满足产业需求，现有数据中高质量部分占比较低，大部分数据在使用过程中面临数据权属合规、清洗复杂、隐私安全等问题。同时，核心大规模行业数据集稀缺，一是数据无法在市场上自由流通，垂类数据通常由政府和行业机构锁定于私域，以防内部机密窃取行为，能够对外开放的数据标准较为模糊；二是私域数据挖掘不足，企业内部数据产品未经过市场检验，导致数据库创新能力不足，企业数据集的开发意愿较低。

图 5-3　2017～2022 年我国数据产量及全球占比情况
（数据来源：中国信息通信研究院、中国网络空间研究院）

　　现有大规模开源数据集存在潜在的毒性风险，高质量数据集建设成为大模型应用落地的关键卡点。毒性数据涉及意识形态、偏见歧视、伦理道德和隐私泄露等敏感领域，经毒性数据训练的大模型可能成为意识形态的潜在推广工具，对公共舆论和政治辩论产生恶性影响；或形成偏见和歧视性输出，对种族、性别、宗教和其他社会群体产生伤害，破坏社会的多元和包容性。此外，未经处理的开源数据中包含大量个人信息，可能在模型的推理过程中泄露，导致身份盗窃、隐私侵犯以及其他潜在的滥用行为。数据毒性风险亟须通过清洗处理，将数据中虚假、幻觉、错误、违法等错误及冗余信息清除。当前，数据建设挑战主要包含两个层面，一是从数据处理角度看，大规模数据存在错误、不完整、重复、格式不一致、来源不清晰等问题，实际处理中存在数据清洗复杂、数据权属难以界定等挑战。二是从业界主体角度看，数据建设需要大量的技术基础设施和专业数据人才，由于资金投入高、国内企业开源意识较低，相关工作推进困难。

5.4　AI 芯片发展情况

我国 AI 芯片发展重心从硬件指标比拼向市场实际应用转变。现阶段，国内人工智能芯片厂商竞争焦点从单纯性能比拼转移到模型支持能力和行业应用效果等业务层面，一方面，各厂商淡化技术指标，强调应用价值和落地能力，如天数智芯支持 DeepSpeed、Colossal、BM Train 等各种大模型框架，19 天内完成智源研究院百亿级大模型训练悟道·天鹰（Aquila）训练，行业解决方案已涵盖智慧医疗、互联网、智慧教育、智能语音、智能制造、内容生成、智慧零售等 20 余场景；昆仑芯打造了多层级产品矩阵，可支持从十亿到千亿级别的大模型计算，广泛部署在互联网、智慧工业、智慧金融、智慧交通、智慧物流、智慧园区等"智慧+"领域。另一方面，各厂商重点优化配套工具平台，提升软硬协同水平，如摩尔线程发布元宇宙平台MTVERSE，提供从硬件集群、软件基础机构到 SDK 工具链的全栈式方案；燧原科技发布计算及编程平台驭算，提升面向大模型的高加速比分布式训练能力。

5.5　软硬协同发展情况

大模型技术的原始创新和应用迭代落地高度依赖先进的软硬件协同技术生态体系。一方面，模型原始创新与底层硬件协同显著加强，构建新的模型结构与组件往往需考虑底层硬件的支持程度，如针对模型架构优化的 Flash Attention、Flash Decoding 等创新技术。另一方面，面向差异化的赋能场景，需要软硬件系统结合场景需求特点在训练、推理等环节高度协同，从算力集群调度、框架分布式训练能力、端侧推理加速等方面系统提升模型调优速度、任务精度，降低训练推理成本，提升人工智能赋能传统行业质量和效率。

我国初步形成两类国产人工智能软硬件协同生态发展路线。 从技术架构来看，国产 GPU 可分为通用图形处理器（GPGPU）架构和领域专用架构（DSA）两类路线，目前处于并行发展阶段。国产 GPGPU 芯片技术架构与英伟达相近，软硬件协同生态发展强调与英伟达 CUDA 生态兼容对接，通过降低替代难度和无缝迁移体验获得市场，典型代表包括摩尔线程迁移工具 MUSIFY、海光 HIP 编译转码工具等；国产 DSA 芯片技术架构随主流模型算法同步演进，侧重通过构建独立自主的软硬件协同生态赢得市场，典型代表是华为使用"昇腾 GPU+异构计算架构 CANN+昇思框架"为核心的一体化整合策略，实现良好落地效果。

我国硬件芯片与模型适配各自为政，亟须加快协同合作。一方面硬件厂商对算子支持丰富度有待进一步完善，由于国内厂商硬件结构差异很大，算子支持类型和程度不统一，面向大模型的国产软硬件适配尚处于起步阶段。同时，面向应用的自主软硬件协同生态正在形成。从需求侧看，传统企业数字化转型和新型工业化进程产生大量细分领域应用需求，对软硬件产品和技术生态的灵活性、通用性、可靠性等提出极高要求。从供给侧看，国产软硬件厂商在产品创新研发过程中，虽能够在较短时间内形成服务能力，但仍需与应用侧展开有效沟通衔接，满足我国实际产业应用需求。

第6章 驱动经济社会变革展望

随着大模型能力逐步延伸拓展，已在诸多领域表现出颠覆性变革潜力，有望成为驱动经济社会发展和科技进步的主要推动力量。展望未来，以大模型为代表的人工智能技术将重塑人类社会发展范式，仍有无限的想象空间和发展潜力。总的来看，在以 ChatGPT 为代表的大模型在兴起阶段，更加侧重基于现有产品或服务改善功能体验，辅助完成各项任务；随着模型能力不断提升、应用成本持续下降，通用智能逐步发展壮大，大模型依靠强大、泛在、启发式的学习和生成能力，将深刻改变人类生产生活方式，融入社会发展各个环节，从更高维度、更深层次推动人类社会进步。大模型出现以后对各方面影响如图 6-1 所示。

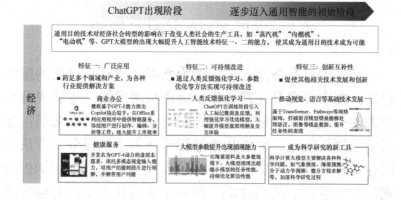

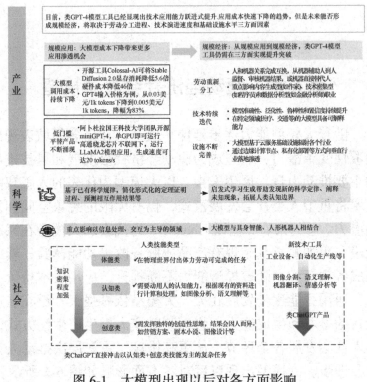

图 6-1　大模型出现以后对各方面影响

6.1　大模型对经济社会影响

大模型已具备产业应用能力水平，通过平台化的服务模式，能有效提升生产效率、促进技术发展，成为提升生产力的有效路径。从算法能力来看，大模型具备海量信息的学习理解能力，能够快速适用于各种下游任务，算法可用性大幅提升，在多项任务中超越人类水平，在如知识检索、文案生成、代码生成、图片生成等任务中，能够辅助或替代人工工作，实现降本增效。从应用路径来看，大模型出现带动算法产品及服务模式创新，加速技术落地。当前，模型商店、模型社区等以大模型为底座的新型产业生态出现，模型即服务的平台化能力开始显现，研发门槛大幅降低，有效连接技术发展与产业应用需求，释放包括科学研究、医疗医药等更多专业场景应用价值。

近期来看，ChatGPT 及类似产品能够在日常办公、文本创作、图像视频领域辅助人类更好完成现有任务。红杉资本预计，GPT-4 等大模型在日常办公、文本创作、图像视频生成、游戏等领域拥有较大发展潜力，商业化前景相对清晰，能够辅助人类更好完成各类任务，预计到 2030 年，上述领域的大模型应用能力将显著超过专业技能人才。**未来，随着模型能力提升以及知识深度融合，大模型有望成为工业、医药、教育、科学计算等更多行业的基础生产工具。**从中远期来看，大模型有望作为基础赋能工具，在更多领域实现价值创造和产业升级，如工业领域新材料配方生成、工艺参数设计/产品设计等场景；药物研发领域蛋白靶点结合预测、药物理化性质预测等场景；科学计算领域发现物理定律/规律、解决数学问题、提出数学猜想等。大模型将有力拓展人类认知边界，实现生产力、创造力跃升。

劳动力市场格局发生变化，中产阶级受到最大冲击。与以往自动化、信息化时代替代低端劳动力不同，以大模型为代表的 AI 技术将重点影响学历和收入较高的中产阶级人群，特别是以数据处理和信息服务为主的白领职业和中产阶级将受到 GPT 等大模型较大影响，而需要与开放环境交互的基础劳动力和专业复杂工作则仍须完全由人类承担。OpenAI 研究表明，美国有 80%岗位会受到 GPT 等大模型的影响，其中19%的岗位会受到很大冲击，有超过一半的工作任务受影响。优先被大模型替代的职业如律师、网站设计师、会计等，其工作特征是数据处理和信息服务为主，任务单一、有明确依据或流程方法。而难以被大模型替代的场景包括建筑施工、采矿、机械维修等基础劳动力行业以及核物理、生物医药、高等数学等专业复杂领域，一般为专业复杂类任务，或开放环境交互类任务。

大模型可能加快劳动力结构转型升级。2023年1月，联合国贸发组织（UNCTAD）在其官网上刊登了《人工智能聊天机器人ChatGPT如何影响工作就业》的文章。文章认为，大多数高收入国家和一些中高收入的发达国家最有可能从这些人工智能技术中获益，低收入和大多数中低收入的发展中国家在使用这些技术方面将处于不利的境地。ChatGPT的进一步发展可能会重新定义中低技能工作。**一是激化就业供需矛盾。**从就业供给方来看，如果中低技能工作能够被较低成本的人工智能技术所取代，那么一大批在发展中国家寻求低价劳动力的企业将会放弃在这些国家的劳动力投资。从就业需求方来看，发展中国家处于产业链中下游，不仅基础技术创新和数字化应用人才短缺，而且还有庞大的传统中低技能工作和缺乏对人工智能技术了解的群体，这些可能在今后被ChatGPT定义为中低技能的劳动力亟待实现转型。**二是进一步影响收入不平等和贫富差距。**一方面，对于拥有人工智能或数字技术的专业人员来说，需求将会增加，收入也会相应提高。另一方面，人工智能技术的发展催生了大量围绕数据收集、标注和清洗的基础工作需求，这些基础工作收入较低且多是兼职，长久以往也将会加剧就业和收入的不平等。ChatGPT 通用智能、深度理解、基础平台等特殊属性特质，将会扩大替代中低技能工作范围，产生更多廉价兼职工作，与此同时也将会催生薪资水平较高的新产业、新业态，进一步加剧收入不平等和贫富差距[11]。

摩尔定律加速走向终结，新定律或将产生。过去 50 年，遵循摩尔定律的技术创新长期支撑经济社会发展，IHS 测算，1995～2015 年遵循摩尔定律而产生的技术创新给全球 GDP 额外增加了 12 万亿美元，超越 2015 年法、德、意、英 GDP 总和；2001～2015 年，摩尔定律推动电子产品降价，使美国年均通胀降低 0.5%。然而随着制程工艺逼近极限，摩尔定律疲软，大模型时代算力供给与智能计算需求剪刀差持续扩大，依靠工艺进步难以维持收益，摩尔定律加速终结，大模型时代新定律有望继续驱动经济社会发展。Large-Model 定律初步猜想：大模型时代，参数规模达奇点后，AI 技术驱动的经济总量增长将与模型参数、智能任务数/能力成比例，即：

$$G = n \cdot (k \cdot p^X)$$

其中，G 为 AI 驱动下的经济总量增长，n 为拉动经济增长调控系数，k 为智能任务数/能力增益调控系数，p 为参数规模，X 为参数规模幂指数。

6.2 大模型对国家安全影响

大模型通过海量数据训练具备广泛的知识学习与创造能力，通用智能水平不断提升，已在工业、教育、医疗等多个领域提高生产效率、助力行业创新发展，但同时也在网络安全、军事安全等方面带来一系列风险与挑战。

大模型对于网络安全是一把双刃剑，既可以用来增强网络安全，也可能成为网络安全的潜在威胁。大模型可在以下四个方面增强网络安全。一是异常检测与响应。大模型可以用于分析网络流量、检测异常行为或入侵迹象，从而提早识别并应对潜在的安全威胁。二是欺诈行为检测。在金融服务等行业，大模型可以基于海量数据训练实现信用卡诈骗、保险欺诈等检测识别。三是恶意软件分析。利用大模型对恶意软件进行分类和分析，帮助安全专家更快地识别新的威胁、提高效率。四是安全政策制定。大模型可以通过分析过去的安全事件来指导未来的安全决策，辅助制定和实施更有效的安全策略。同时，大模型对网络安全造成的风险不容忽视。一方面，攻击者可能使用对抗学习技术来误导大模型，修改恶意软件的特征以避开大模型驱动的安全系统。另一方面，大模型可能被用于自动化生成针对特定系统或软件的攻击，自动化搜索网络可能存在的漏洞，提高网络攻击的效率和成功率。

大模型对于军事安全的影响是深远和复杂的，既可能带来战略优势，也引入了新的风险和挑战。一方面，大模型为信息化作战与智能决策提供有效支撑。大模型可以处理和分析大量情报数据，包括卫星图像、情报信息等，帮助军事分析人员快速识别关键信息、预测敌方行动、评估战场情况，从而为军事决策提供支持，并在无人化作战中提高操作效率与安全性。**另一方面，在以下三个方面大模型对军事安全造成风险隐患。**一是欺骗攻击，可能受到敌方对抗性等攻击，产生错误的判断或分析，甚至发生安全事故。2023 年 5 月在美国军方的一次模拟测试中，一架由 AI 控制的无人机向妨碍其执行任务的人类操作员发动攻击，导致操作员受伤身亡。二是敏感数据泄露，大模型处理大量敏感军事数据，存在敏感信息泄露的风险。三是决策风险，在高度不确定和复杂的战场环境中，过度依赖大模型决策风险较大，仍需与人工决策结合。

6.3　大模型对创新驱动影响

　　ChatGPT 等生成式人工智能将引发科技创新范式变革，为实现我国科技跨越式发展和经济高质量发展提供内驱动力。ChatGPT 迭代发展不仅意味着人工智能领域技术更新加快，更为重要的是可以驱动整个科技创新领域产生场景变革和范式转变，大大提升科技创新的速度。创新活动本质上是在给定技术可能性边界条件下发现一种可能的要素组合方式以实现相同成本下更高的产出，其实现机制在于不断尝试错误，试错机会越多意味着发现新技术的可能性也越大。早期阶段科技创新领域的试错主要凭借经验，成功概率较低、试错成本较高。随着科学研究的深入和科研手段的规范，科技创新领域的变革主要通过实验室中的控制实验完成，创新活动的科学性和科技创新的效率得以极大提升。随着生成式人工智能的发展，依靠机器算法进行科研探索成为可能，人类不再是科技创新的唯一主体。机器算法不仅可以辅助人类提升科研能力，而且能够以更低的成本和更高的效率实现对知识要素的重新组合，自主完成科研探索、自发拓展研究边界。ChatGPT 等新一代人工智能技术将凭借其智慧、高效、互动的信息整合、处置、生成能力以及较低的试错成本，改变科技创新的传统范式，进一步加快科技创新速度、提升科技创新效率、挖掘科技创新潜力，释放创新对经济高质量发展的驱动力[12]。

6.4　大模型发展热潮下的冷思考

大模型的成功是建立在"巨资+巨头+人才"的强势资源联合基础上，成本投入巨大、复制难度极高。当前，除少数领军企业将大模型能力与自身业务尝试结合外，大部分大模型仍处于研发验证阶段，未能产生实际应用价值，技术架构、功能模块等同质化竞争严重，不可避免造成资金、人才等资源浪费。**在大模型产业生态发展壮大过程中，仍需要合理规划、系统布局和有序引导。**大模型作为短时间内快速崛起的新技术、新业态，有望对研发生产模式和社会运转方式带来一系列颠覆性变革，但由于其技术演进路径仍未定型、应用场景尚未明确、监管治理面临诸多挑战，需从以下几方面加强相关工作：一是高度重视大模型引发的安全治理风险，加强人工智能发展的潜在风险研判；二是推动建立大模型公共服务平台，为产业上下游提供服务，推动我国大模型产业生态共建共享，形成发展合力；三是加快融合赋能应用，打造面向行业场景的应用测试床，推动大模型在工业、能源、金融、交通等领域高价值场景落地，梳理一批技术成熟、成效显著、成本可控的应用案例，形成示范推广效应；四是统筹规划建设算力、数据等基础资源池，加强现有算力和数据等资源归集调度，推动算力和数据高水平开放共享，提升存量资源利用率，加快构建云边端协同、算存运融合的一体化、多层次的算力基础设施体系。

本书作者：李论　魏凯　郭英男　王雅晗　张蔚敏
王伟行　胡宇航　赵俊芳

　　李论，中国信息通信研究院人工智能研究所软硬件与创新生态部主任，高级工程师，入选"第九届中国科协青年人才托举工程"，荣获工业和信息化部直属机关青年学习标兵。长期深耕人工智能领域研究，在模型算法、基础软硬件生态等"卡脖子"问题上钻研攻关，潜心学术钻研，在理论研究、标准研制、平台建设等取得一系列成果，推动赋能新型工业化，全力支撑两个强国建设。

参 考 文 献

[1] 奇绩创坛. 大模型带来的新范式 [EB/OL]. https://mp.weixin.qq.com/s/fzYxwaANqWpqxC_1zTNDA.

[2] Matthew. ChatGPT: Microsoft to invest billions in chatbot maker OpenAI [EB/OL]. http://blog.reimageplus.com/chatgpt-microsoft-to-invest-billions-in-chatbot-maker-openai/.

[3] 李论. 大模型发展仍需系统布局、有序引导[J]. 通信世界, 2023, (14): 7.

[4] 鞭牛士. ChatGPT 月活用户突破 1 亿, 成史上增速最快消费级应用 [EB/OL]. https://new.qq.com/rain/a/20230203A07L0V00.

[5] Zhang Z Y, Chen C Y, Lin B C, et al. A Survey on language models for code[EB/OL]. CoRR abs/2311.07989, 2023.

[6] Touvron H, Martin L, Stone K, et al. LLaMA 2: Open foundation and fine-tuned chat models [EB/OL]. https://ai.meta.com/research/publications/llama-2-open-foundation-and- fine-tuned-chat-models , 2023.

[7] 智谱 AI. ChatGLM3-6B[EB/OL]. https://modelscope.cn/models/ZhipuAI/chatglm3-6b/summary , 2024.

[8] Achiam J, Adler S, Agarwal S, et al. GPT-4 technical report[J]. arXiv, 2023, arXiv:2303.08774.

[9] He C H, Jin Z J, Xu C, et al. WanJuan: A comprehensive multimodal dataset for advancing English and Chinese large models[J]. arXiv, 2023, arXiv: 2308.10755.

[10] Chen H, Zhang Y M, Zhang Q, et al. Maybe only 0.5% data is needed: A preliminary exploration of low training data instruction tuning[J]. arXiv, 2023, arXiv: 2305.09246.

[11] 王庆华. ChatGPT 对经济社会发展的影响及启示[J]. 中国物价, 2023, (4): 7-9.

[12] 冯涛, 董嘉昌, 李佳霖. ChatGPT 等生成式人工智能对我国经济高质量发展的双重影响及其应对[J]. 陕西师范大学学报: 哲学社会科学版, 2023, 52(4): 44-54. DOI: 10.15983/j.cnki.sxss.2023.0705.